PARA CONHECER
Pragmática

COLEÇÃO
PARA CONHECER

Aquisição da Linguagem
Elaine Grolla e *Maria Cristina Figueiredo Silva*

Fonética e Fonologia do Português Brasileiro
Izabel Christine Seara, Vanessa Gonzaga Nunes e *Cristiane Lazzarotto-Volcão*

Linguística Computacional
Marcelo Ferreira e *Marcos Lopes*

Morfologia
Maria Cristina Figueiredo Silva e *Alessandro Boechat de Medeiros*

Norma Linguística
Carlos Alberto Faraco e *Ana Maria Zilles*

Pragmática
Luisandro Mendes de Souza e *Luiz Arthur Pagani*

Semântica
Ana Quadros Gomes e *Luciana Sanchez Mendes*

Sintaxe
Eduardo Kenedy e *Gabriel de Ávila Othero*

Sociolinguística
Izete Lehmkuhl Coelho, Edair Maria Görski, Christiane Maria N. de Souza e *Guilherme Henrique May*

Coordenadores da coleção
Renato Miguel Basso
Izete Lehmkuhl Coelho

Proibida a reprodução total ou parcial em qualquer mídia
sem a autorização escrita da editora.
Os infratores estão sujeitos às penas da lei.

A Editora não é responsável pelo conteúdo deste livro.
Os Autores conhecem os fatos narrados, pelos quais são responsáveis,
assim como se responsabilizam pelos juízos emitidos.

Consulte nosso catálogo completo e últimos lançamentos em **www.editoracontexto.com.br**.

Luisandro Mendes de Souza
Luiz Arthur Pagani

PARA CONHECER
Pragmática

Copyright © 2022 Luiz Arthur Pagani

Todos os direitos desta edição reservados à
Editora Contexto (Editora Pinsky Ltda.)

Montagem de capa e diagramação
Gustavo S. Vilas Boas

Preparação de textos
Lilian Aquino

Revisão
Daniela Marini Iwamoto

Dados Internacionais de Catalogação na Publicação (CIP)

Souza, Luisandro Mendes de
Para conhecer pragmática / Luisandro Mendes de Souza,
Luiz Arthur Pagani ; coordenador: Renato Miguel Basso
e Izete Lehmkuhl Coelho. – 1.ed., 1ª reimpressão. –
São Paulo : Contexto, 2024.
160 p. (Coleção Para conhecer)

Bibliografia
ISBN 978-65-5541-121-8

1. Linguística 2. Pragmática I. Título II. Pagani, Luiz Arthur
III. Basso, Renato Miguel IV. Coelho, Izete Lehmkuhl

22-0906   CDD 306.44

Angélica Ilacqua – Bibliotecária – CRB-8/7057

Índice para catálogo sistemático:
1. Linguística

2024

EDITORA CONTEXTO
Diretor editorial: *Jaime Pinsky*

Rua Dr. José Elias, 520 – Alto da Lapa
05083-030 – São Paulo – SP
PABX: (11) 3832 5838
contato@editoracontexto.com.br
www.editoracontexto.com.br

SUMÁRIO

APRESENTAÇÃO **9**

REFERÊNCIA **13**
    Objetivos do capítulo 13
    1. Falando das coisas 13
        1.1 Denotar × referir 15
        1.2 Uso × menção 19
        1.3 Uso referencial × uso atributivo 20
    2. Categorias referenciais 23
        2.1 Pessoa 23
        2.2 Espaço 23
        2.3 Tempo 24
        2.4 Eventualidade 26
    3. Relações referenciais 27
        3.1 Endofóricas 27
        3.2 Exofóricas 32
    • Leituras sugeridas 36
    • Exercícios 37

PRESSUPOSIÇÃO....................39

Objetivos do capítulo....................39

1. Antecedentes históricos....................39
2. Acarretamento × pressuposição....................42
3. O teste da família-P....................43
4. Gatilhos pressuposicionais....................44
   - 4.1 Descrição definida....................44
   - 4.2 Clivadas....................45
   - 4.3 Alguns tipos de verbos....................45
   - 4.4 Expressões interativas....................49
   - 4.5 Subordinadas adjetivas explicativas....................50
   - 4.6 Subordinadas adverbiais temporais....................51
   - 4.7 Condicional contrafactual....................51
   - 4.8 Interrogativa....................53
5. Projeção das pressuposições....................54
6. Efeitos discursivos da pressuposição....................55
   - 6.1 Acomodação....................56
   - 6.2 Cancelamento....................57
7. Dificuldade para testar a pressuposição....................59
- • Leituras sugeridas....................60
- • Exercícios....................62

IMPLICATURAS....................63

Objetivos do capítulo....................63

1. A caracterização das implicaturas em Grice....................65
   - 1.1 O princípio da cooperação e as máximas....................65
   - 1.2 Aplicando a exemplos....................69
   - 1.3 Características e classificação....................80
2. Repensando as implicaturas....................88
   - 2.1 Implicaturas automáticas....................89
   - 2.2 A Teoria da Relevância....................98
- • Leituras sugeridas....................106
- • Exercícios....................107

ATOS DE FALA 111

Objetivos do capítulo 111

1. Quando dizer é fazer 112

2. Desdobramentos 122

2.1 As condições de felicidade e a força potencial 123

2.2 A questão da força ilocucionária 128

2.3 Atos de fala indiretos 131

3. Teoria da Polidez 136

3.1 A preservação da face 137

3.2 Impolidez 146

- Leituras sugeridas 148

- Exercícios 148

CONSIDERAÇÕES FINAIS 151

BIBLIOGRAFIA 155

OS AUTORES 159

APRESENTAÇÃO

Normalmente, num livro de introdução à Pragmática, espera-se logo de início que se comece apresentando uma definição do que é a Pragmática ou, pelo menos, uma ideia geral daquilo que se faz na Pragmática. No entanto, essa é uma tarefa paradoxal, porque se trata de uma área da Linguística com muitos aspectos; além disso, qualquer definição precisa recorrer a termos que têm uma compreensão específica da área, que depende de algum conhecimento que só vai ser adquirido com a leitura do próprio livro. Por exemplo, poderíamos dizer que a Pragmática é a área da Linguística que passa a incluir os interlocutores na reflexão sobre a produção e a estrutura das expressões linguísticas; mas isso depende de saber o que são os interlocutores, e dependeria também de sabermos que outros níveis de análise linguística (como a sintaxe, por exemplo) procedem sua investigação abstraindo esses interlocutores. Outra maneira de localizar a Pragmática a concebe como o nível de análise que passa a incluir o contexto como parâmetro explicativo; mas, novamente, isso depende de identificarmos o que é o contexto, já que nem toda propriedade do contexto efetivo em que se produz uma expressão linguística será pertinente para explicar um fenômeno linguístico. Finalmente, acabamos de mencionar a "produção de uma expressão linguística" e isso remete a outra tentativa de localizar a Pragmática, que seria a investigação do desempenho dos falantes, e não de sua competência linguística; mas isso também remete à distinção entre competência e desempenho, que o leitor pode não conhecer nesse momento da leitura. No entanto, todos os três termos que acabamos de mencionar ("interlocutores", "contexto" e "desempenho") apontam para aspectos abordados pelas teorias pragmáticas e podem ser resumidos no *slogan* "a língua posta em uso", que também é usado para identificar os estudos pragmáticos dentro da Linguística.

Dentre as diversas áreas da Linguística, pode-se dizer sem qualquer risco de equívoco que a Pragmática é a que menos recebeu atenção depois da sua institucionalização (tanto da Linguística quanto da própria Pragmática).

Modernamente, a Pragmática começa a se institucionalizar nas décadas de 1960 e 1970, quando grupos de filósofos, lógicos e linguistas passam a se reunir para pesquisar assuntos semelhantes e a participar de congressos em que interagiam, discutindo assuntos em comum. Mais do que a Pragmática, a Semântica se beneficiou bastante desse período, com o estabelecimento da Semântica Formal a partir da proposta de Montague de aplicar às línguas naturais os procedimentos metodológicos que os lógicos usavam para postular as línguas artificiais dos seus sistemas formais.

No entanto, logo ficou claro que, para o método formal poder ser eficientemente aplicado às línguas naturais, existiam diferentes tipos de fenômenos associados à significação e que nem todos poderiam ser igualmente tratados com os procedimentos da Lógica. Para além daquilo que as expressões linguísticas expressam literalmente, elas ainda podem ser usadas por seus falantes para sugerir informação que não é apresentada explicitamente e induzir no interlocutor interpretações de informações que não foram efetivamente explicitadas.

Nesse sentido, a obra do filósofo inglês J. L. Austin é de importância capital para a Pragmática, porque ele primeiro identifica os chamados **performativos**, em contraposição aos **constatativos**, e depois postula os três subtipos de atos que constituem conjuntamente o **ato de fala**: o **ato locutivo**, o **ato ilocutivo** e o **ato perlocutivo**. Como veremos no capítulo "Atos de fala", os performativos se opõem aos constatativos porque estes podem ter seu significado descrito através de suas **condições de verdade**; aqueles, ao contrário, não parecem colocar em questão a verdade ou a falsidade (eles seriam automaticamente verdadeiros quando bem-sucedidos) e precisam ser inqueridos antes em relação às suas condições de satisfação (o que Austin chamou de condição de felicidade). Enquanto os constatativos seriam responsáveis pela 'descrição do mundo', os performativos são modos diretos de atuação sobre o mundo (por isso o título da tradução em português: "quando dizer é fazer"). Um proferimento performativo não declara algo sobre o mundo; pelo contrário, ele modifica o mundo no qual ele é proferido.

Dando continuidade à obra de Austin, outro filósofo britânico, H. P. Grice, também se ocupa daquilo que sugerimos, para além do que dizemos literalmente, e identifica as **implicaturas conversacionais**, a partir da observação de que a interação linguística entre os interlocutores está sujeita ao mesmo tipo de **princípio de cooperação** ao qual se submetem quaisquer outras interações entre pessoas. Assim como as ações de duas ou mais pessoas que estejam preparando um bolo juntas precisam ser coordenadas para que o bolo fique bem feito, quando os interlocutores interagem linguisticamente, eles também devem (ainda que não sejam sempre obrigados a isso) seguir certas 'normas' de boa conduta conversacional. Como veremos no capítulo "Implicaturas", Grice postulou quatro **máximas conversacionais** que dão conta das 'regras' de como deve ser um 'jogo' linguístico (**qualidade**, **quantidade**, **relação** e **modo**) e que são usadas heuristicamente para sustentar a análise daquilo que pode ter sido sugerido sem ter sido expressamente explicitado. Exemplos clássicos são perguntas como "Você pode me passar o sal?" ou "Você sabe que horas são?", que são literalmente perguntas polares (cuja resposta deveria ser, literalmente, "sim" ou "não"), mas que são usadas para solicitar que se passe o sal e que se digam as horas.

Uma questão um pouco mais antiga na Filosofia da Linguagem, que remonta modernamente ao filósofo, lógico e matemático alemão Gottlob Frege, também responsável pela distinção entre sentido e referência, é a da **pressuposição**. Como será visto no capítulo "Pressuposição", Frege identificou que uma parte do que parecia condições de verdade era, efetivamente, pré-condições de verdade: condições que, se não fossem satisfeitas, não permitiriam que identificássemos um proferimento nem como verdadeiro, nem como falso. Mesmo depois de um intenso debate sobre a necessidade da pressuposição (e mesmo da sua viabilidade técnica), ainda hoje esse é um assunto em aberto, e não é difícil encontrar algum pesquisador defendendo que a pressuposição é um fenômeno exclusivamente semântico ou exclusivamente pragmático. No entanto, essa controvérsia não impediu que os linguistas identificassem expressões linguísticas e construções gramaticais que pareciam suscitar pressuposições (os chamados **gatilhos**) e se perguntassem sobre o que acontecia em frases complexas compostas por frases mais simples que estivessem associadas a pressuposições (o chamado **problema da projeção**).

Finalmente, outra questão importante, e ainda mais tradicional na Filosofia da Linguagem, é a da **referência**. Desde os tempos dos antigos filósofos gregos, cujos princípios influenciaram o surgimento das primeiras gramáticas ocidentais, a concepção mais básica de significação é a de que as expressões linguísticas servem para falar das coisas do mundo. Desse modo, uma concepção bastante difundida nas gramáticas tradicionais é a de que o significado de nome próprio é o indivíduo designado através dele; que uma palavra como "mesa" designa a classe dos objetos sobre os quais as refeições são servidas ou sobre os quais se colocam computadores em que redigimos nossos textos; que um verbo como "correr" designa uma classe de ações nas quais nos deslocamos de forma mais rápida do que em ações designadas pelo verbo "andar". Veremos isso com mais detalhe no capítulo "Referência".

Alguns leitores podem achar estranho que tenhamos feito a apresentação dos capítulos deste livro de trás para frente, mas é que preferimos começar chamando a atenção para o assunto que mais propiciou recentemente o desenvolvimento e a autonomia da Pragmática, e continuar em ordem decrescente. Ao mesmo tempo, na organização da obra, escolhemos estabelecer a ordem "crescente", começando com o tema que ainda compartilha muitas fronteiras com a Semântica, e depois seguirmos para assuntos cada vez mais estabelecidos dentro dos domínios da Pragmática.

REFERÊNCIA

Objetivos do capítulo

◯ Identificar pragmaticamente o ato de referir.
◯ Dar exemplos de fenômenos em que o ato de referir é empregado.
◯ Observar as causas das falhas do ato de referir.
◯ Compreender o mecanismo linguístico do ato de referir.

1. FALANDO DAS COISAS

Apesar de podermos usar a língua para demonstrar nossos sentimentos, produzir obras literárias, encenar peças teatrais ou executar certas ações que só podem se realizar através do proferimento de uma expressão linguística convencionalizada, uma das principais funções do uso das expressões linguísticas é falar das coisas no mundo. Quando dizemos uma frase como (1), por exemplo, estamos solicitando ao nosso interlocutor que localize um mundo no qual há um indivíduo cujo nome é "Daniel" e constate que, nesse mundo, esse indivíduo apresenta um controle motor mais fino com os membros da parte esquerda do seu corpo.

(1)   Daniel é canhoto.

Essa relação entre as expressões linguísticas (ou, mais precisamente, o seu uso) e as coisas do mundo é chamada de **referência**.

Tradicionalmente, o conceito de referência está mais associado à Semântica (ver Gomes e Mendes (2018), desta mesma coleção) do que à Pragmática, já que nossa tradição gramatical tinha uma compreensão referencial da significação. Segundo Cunha e Cintra (1985: 171), por exemplo: "SUBSTANTIVO é a palavra com que designamos ou nomeamos os seres em geral". Desta perspectiva, a palavra "cadeira" designaria os objetos no mundo que são móveis para nos sentarmos, com encosto – excluídos os sofás, as poltronas etc. Essa concepção também está apoiada numa distinção tradicional segundo a qual, numa frase, identificamos um indivíduo (tema) e atribuímos a ele alguma propriedade (rema).

Modernamente, essa concepção se consolida na Semântica em 1938, quando o filósofo Charles W. Morris publica o seu famoso verbete *Foundations of the Theory of Signs* (Fundamentações da Teoria dos Signos), da *International Encyclopedia of Unified Science* (Enciclopédia Internacional da Ciência Unificada). Nesse verbete, Morris (1938) identifica uma dimensão sintática, que estudaria a combinação das expressões linguísticas (ou signos, pensando mais genericamente, como o autor preferiu), e outras duas dimensões associadas à significação: uma semântica, que estudaria a relação dos signos com as suas respectivas referências, e outra pragmática, que estudaria a relação dos signos com seus usuários. Essa proposta de divisão de tarefas no estudo das línguas influenciou muito os precursores da Semântica, que recorriam ao conceito de condições de verdade (cf. Gomes e Mendes, 2018: 16-17), e repercutiu, por exemplo, nos manuais de Semântica de Kempson (1977: 68) e de Pragmática de Levinson (2007: 1; publicado originalmente em 1983).

Dentro dessa concepção, os nomes próprios, as descrições definidas e os pronomes são as categorias linguísticas que se destacaram como principais exemplos desta função identificacional. Um nome próprio como "Daniel", como dissemos, deveria identificar univocamente um único indivíduo: o próprio Daniel. Da mesma maneira, a

> É comum nos depararmos com confusões entre gênero gramatical, gênero social e gênero biológico. Tradicionalmente, o português distingue gramaticalmente apenas dois gêneros (o masculino e o feminino), e toda expressão nominal está necessariamente associada a um desses dois gêneros; sobre isso, consultar o trabalho clássico de Camara Jr. (1985: 88).

descrição definida "o primeiro grande linguista brasileiro" também identificaria Joaquim Mattoso Camara Júnior. Por fim, o pronome pessoal "ela" designa alguma coisa sobre a qual estivermos falando e que possa ser identificada por um sintagma nominal com marcação flexional do gênero feminino.

Mas se para o nome próprio essa identificação referencial independente do contexto de uso parece funcionar, para as descrições definidas e para os pronomes a dependência contextual é bastante evidente. Poderíamos achar que o primeiro grande linguista brasileiro foi Aryon Dall'Igna Rodrigues (que foi o primeiro presidente da Abralin, em 1969, enquanto Mattoso era apenas conselheiro nessa mesma gestão), ou Isaac Nicolau Salum (que também era conselheiro nessa primeira gestão da Abralin), ou mesmo Theodoro Henrique Maurer Júnior (que estudou na Universidade de Yale, em 1945 e 1946).

Para os pronomes, a dependência contextual (e, portanto, do seu uso) é ainda mais evidente: o referente efetivo de "ela" pode mudar a cada uso que fazemos dele; podemos usar o pronome "ela" para falar de qualquer coisa que possa ser designada através de um substantivo feminino; por exemplo, quando dizemos (2), estamos usando o pronome "ela" para nos referirmos à caneta que foi comprada por Daniel; mas se a frase for (3) "ela" agora se refere à bola que Daniel comprou.

(2)   Daniel comprou uma caneta, mas não sabe onde ela está.
(3)   Daniel comprou uma bola, mas não sabe onde ela está.

No entanto, em todas as duas frases, o falante pode estar se referindo a qualquer outro objeto contextualmente saliente e que possa ser designado por um sintagma nominal feminino, ainda que, sem a contextualização apropriada, isso possa soar estranho. Por exemplo, pode ser que os interlocutores soubessem que Daniel tivesse comprado a bola para jogar com a chuteira dele, então essa chuteira seria o objeto contextualmente relevante para servir de referência para o pronome "ela".

1.1 Denotar × referir

Mais recentemente, essa concepção semântica da referência foi contestada a partir da observação de que a referência é uma ação praticada pelo falante, ao invés de ser uma propriedade inerente à própria expressão linguística (independente do seu uso pelo falante). Ou seja, dessa perspectiva, não seriam as expressões linguísticas, por si próprias e que se refeririam a algo no mundo; seriam os falantes que, ao empregar uma expressão linguística, estariam fazendo referência a alguma coisa.

Algumas vezes, a potência referencial das expressões linguísticas foi chamada de **denotação**, enquanto a remissão efetiva ao mundo sobre o qual se fala, feita por um falante, manteve o nome de **referência**.

É justamente dessa dicotomia que trata um famoso debate entre dois filósofos importantes: Bertrand Russell (1989; publicado originalmente em 1905) e Peter Strawson (1989; publicado originalmente em 1950); um debate que até hoje tem repercussões nas pesquisas em Semântica e Pragmática.

> A distinção entre expressões referenciais e quantificacionais está associada à concepção de que algumas expressões se referem a indivíduos específicos (como "Daniel" e "o rei da França"), enquanto outras (como "algum menino" e "muitas mulheres") os designam genericamente, sem os identificar especificamente; ver Gomes e Mendes (2018: 82-89).

Russell se opõe à concepção de que a descrição definida (expressões como "o atual rei da França") pressuponha uma referência individual (cf. capítulo "Implicaturas") e defende a posição de que elas seriam quantificacionais, e não referenciais. Para esse autor, frases como (5) não se comportam da mesma maneira que (4); sobre esta última, segundo Russell, faz sentido dizer que ela fala sobre Daniel, mas sobre (5) não faria sentido dizer que ela fala sobre um determinado indivíduo, e sim sobre quem quer que venha a ser atualmente o rei da França.

(4)   Daniel está dormindo.

(5)   O rei da França é careca.

Para Russell, a frase (5) afirmaria a existência de algum indivíduo identificado pela propriedade de ser 'o único rei da França', sem determiná-lo definitivamente (a determinação vai depender de quem satisfizer a descrição). Assim, é possível explicar a ambiguidade da negação de (5) em (7), que não ocorre com a negação de (4) em (6).

(6)   Daniel não está dormindo.

(7)   O rei da França não é careca.

De acordo com Russell, (7) poderia ser entendida de duas maneiras:

(i)   com a negação atuando sobre toda a frase, que pode ser parafraseada por (8); ou

(ii)   com a negação incidindo apenas sobre o predicado, correspondendo à paráfrase em (9).

(8)   Não é verdade que o rei da França existe e que ele é careca.

(9)   O rei da França existe e não é verdade que ele é careca.

Para garantir esse resultado, Russell rejeita a análise da frase (5) como tendo a estrutura de sujeito e predicado; de acordo com sua análise, "o rei da França", em (5), não pode ser entendida como uma expressão do mesmo tipo que "Daniel", em (4), e, ao contrário desta, aquela seria decomposta em três asserções:

1. Existe um indivíduo que é rei da França.
2. Não existe um outro indivíduo que seja rei da França.
3. Este indivíduo é careca.

> Alguns autores preferem classificar a existência e a unicidade como pressuposições, e não como asserções.

Segundo esta análise, o sujeito gramatical "o rei da França" não designa um indivíduo determinado sobre o qual se diz dele que é careca; ao contrário de "Daniel", que deve designar um determinado indivíduo. A referência individualizante de "o rei da França" acaba decorrendo da conjunção das duas primeiras asserções (a primeira é chamada de asserção de existência e a segunda, de asserção de unicidade); a terceira asserção é responsável pela predicação. Ou seja, a frase (5) até remete a um único indivíduo, que é o rei da França, mas não faz isso através de um "sujeito lógico" (ou seja, um indivíduo determinado que tenha sido devidamente especificado) que corresponda ao sujeito gramatical; na verdade, não haveria sequer um sujeito lógico (apenas uma indicação genérica para se chegar a algum indivíduo).

Assim, quando a frase (5) é negada, como em (7), sua função seria a de negar a existência do indivíduo que fosse rei da França, ou negar a sua existência única, ou negar que ele fosse careca; a verdade de qualquer uma dessas negações seria suficiente para garantir a verdade de (7).

> Na Lógica, a chamada lei de Morgan nos assegura a equivalência entre a negação de uma conjunção ($\neg(A \wedge B)$) e a disjunção de duas negações ($\neg A \vee \neg B$); ver Mortari (2016: 147). Assim, uma frase com a forma "não é verdade que A, que B e que C" seria equivalente a "não é verdade que A, não é verdade que B ou não é verdade que C".

Para Strawson, a análise de Russell é parcial e não leva em consideração o fato de que a frase (5) pode ser usada, em situações diferentes, para designar indivíduos diferentes. Se pronunciada quando se estiver falando sobre o reinado de Luís XIV, ela seria usada para designar Luís XIV; pronunciada em relação ao reinado de Luís XV, ela seria usada para falar de Luís XV. A conclusão dessa observação é que não é a frase que pode ser verdadeira ou falsa, mas apenas o seu proferimento. E, portanto, a frase sozinha não pode designar um indivíduo em particular, já que ela pode ser usada, em situações distintas, para falar de diferentes indivíduos. Strawson chega assim ao conceito de referência como ato de fala (ver capítulo "Atos de fala").

Para reforçar a sua conclusão, Strawson (1989: 164) menciona ainda o caso de um pronome como "eu", do qual não se pode dizer que, por si só, se refira a algum indivíduo; pelo contrário, o que se pode dizer do pronome "eu" é que ele denota potencialmente aquele que estiver falando, mas só se refere ao falante quando ele profere o pronome.

E para deixar ainda mais clara a distinção entre a denotação da expressão e a referência do ato de fala, Strawson (1989: 157) apresenta o exemplo do lenço: pode-se tirar do bolso a referência (o lenço do qual se está falando) e mostrá-lo ao interlocutor; mas não se pode tirar do bolso a denotação da palavra "lenço".

A partir dessa distinção entre frase, enquanto tipo, e proferimento de frase, como ocorrência, Strawson identifica três dimensões para a referência, que podem ser resumidas como na tabela a seguir.

	dependência contextual	descritibilidade	convencionalidade
nomes próprios	(pouca)	nenhuma	nenhuma
descrições definidas	pouca	muita	muita
pronomes	muita	pouca	pouca

A concepção destas dimensões é escalar, de forma que pronomes como "eu" e "ele" (usados deiticamente, e não anaforicamente; ver subseção "Dêixis", pág. 33) apresentam uma grande dependência contextual; não há como decidir qual o referente de "eu" sem saber quem está falando, nem o de

> O conceito de **ocorrência** (ou **espécime**; *token*, em inglês) está associado à realização efetiva da coisa, enquanto o de **tipo** (em inglês: *type*) envolve a generalização de ocorrências: o tipo determina a parte comum a diversas ocorrências; ver o verbete em Branquinho, Murcho e Gomes (2006: 774).

"ele" (no seu uso dêitico) sem que alguma saliência contextual o identifique. Já descrições definidas, como "o autor de *Waverley*" ou "o décimo-oitavo rei da França", apresentam uma dependência contextual menor; a identificação referencial depende apenas de algum conhecimento enciclopédico (sobre fatos históricos e conhecimento geral), e não tanto das informações das condições de proferimento das expressões. Strawson não menciona a dependência contextual dos nomes próprios, mas podemos supor que ela seria pequena, pois a localização do seu referente também depende muito de conhecimento enciclopédico, ainda que em muitos casos também possa ser resolvida deiticamente.

Em relação ao grau de descritibilidade, os nomes próprios não apresentariam qualquer descrição, já que não informam nenhuma propriedade dos seus referentes. Os pronomes representam descrições embutidas, pois podem ser entendidos como uma instrução para se localizar no contexto o seu referente; assim, um pronome como "eu" carrega a instrução de localizar o falante do proferimento de "eu". As descrições definidas são as que apresentam o maior grau de descritibilidade, e a localização do referente é feita através da identificação de alguma propriedade do referente; "o rei da França", por exemplo, solicita que se localize o único indivíduo que seria o monarca francês (o que, nos dias de hoje, não localizaria nenhum indivíduo).

Finalmente, quanto à convencionalidade, as descrições definidas apresentam o maior grau em relação às convenções referenciais e descritivas, enquanto os pronomes apresentam um grau menor; já os nomes próprios não seriam determinados por essas convenções gerais, mas sim por convenções particulares. Ou seja, aquele que não sabe que "solteiro" designa alguém que não está casado desconhece uma parte do português. Strawson (1989: 166) afirma inclusive que "ignorar o nome de um homem não é ignorar a língua".

1.2 Uso × menção

Uma característica curiosa das expressões linguísticas é que elas não apenas podem se referir a entidades não linguísticas, mas também podem ser usadas para se autorreferir. Quando uma expressão é empregada para se referir a alguma entidade extralinguística, chamamos isso de **uso**; quando o emprego é autorreferencial, isso é chamado de **menção**. Assim, feita essa distinção, podemos dizer que em (10) estamos usando o nome "Aristóteles" para nos referirmos a um indivíduo que está sendo qualificado como filósofo; já em (11), o mesmo nome "Aristóteles" está sendo empregado autorreferencialmente (ou, para usar a expressão de Reichenbach (1947: 284), tem uma função autorreflexiva (*token-reflexive*)).

(10)   Aristóteles foi um grande filósofo grego.

(11)   "Aristóteles" tem cinco sílabas.

Na sua utilização oral, o português não dispõe de qualquer dispositivo para distinguir esses dois usos. No entanto, dispomos de convenções ortográficas para distinguir o uso da menção. O uso, como é um emprego mais corriqueiro, não demanda nenhuma marcação; mas a menção costuma ser tradicionalmente marcada através de aspas duplas (como estamos empregando neste livro), aspas simples (12), itálico (13), sublinhado (14) ou mesmo em negrito (15).

> Como toda tentativa de padronização, essas marcas tipográficas estão sempre sujeitas a muita variação de uso. As aspas simples, às vezes, são usadas para se referir ao significado, enquanto o negrito é usado para marcar o primeiro uso de uma expressão que tem um significado técnico específico, diferente do corriqueiro. Com o computador, o sublinhado quase não é mais usado.

(12)   'Aristóteles' tem cinco sílabas.

(13)   *Aristóteles* tem cinco sílabas.

(14)   Aristóteles tem cinco sílabas.

(15)   **Aristóteles** tem cinco sílabas.

De qualquer modo, mesmo sem qualquer marcação explícita, algumas vezes é possível inferir se estamos usando ou apenas mencionando uma expressão através de sua predicação. Em (10), é garantido que estamos falando de pessoas, porque apenas pessoas podem ser filósofos (pelo menos quando falamos literalmente); então o referente de "Aristóteles" só pode ser um indivíduo, e não uma palavra. Já em (11), "ter cinco sílabas" é uma propriedade de expressões linguísticas; portanto, o referente de "Aristóteles" aqui só pode ser a própria palavra.

1.3   Uso referencial × uso atributivo

Uma outra distinção importante associada ao conceito de referência foi apresentada por Donnellan (traduzido recentemente por Neto e Santos (2017)), ainda nos anos 1960. Donnellan identificou duas funções distintas das descrições definidas: uma na qual o referente era identificado através das propriedades informadas na descrição definida, chamado de **uso atributivo**, e outra em que o referente era localizado mesmo que não satisfizesse essas propriedades, chamado de **uso referencial**.

Referência

A fim de ilustrar essas duas funções, Donnellan apresenta exemplos como o de (16). O autor sugere dois contextos nos quais essa frase seria interpretada de maneiras diferentes pelo interlocutor.

(16)   O homem que está bebendo martíni é louco.

Para compreender o exemplo, é importante saber que o martíni é normalmente servido numa taça especial, com o bojo largo e baixo, de formato triangular, sobre uma haste longa e fina; essas são características que podem auxiliar a identificação de um referente. Dita num contexto em que há apenas um homem bebendo efetivamente martíni em um copo desse tipo, localiza atributivamente esse homem. Mas Donnellan sugere um outro contexto, no qual o único homem que está bebendo algo nesse tipo de taça tenha se servido de água, e não de martíni; um locutor que não sabe que o líquido é água pode dizer (16) para um interlocutor que sabe disso, que pode superar essa descrição não completamente adequada (sim, o copo é de martíni, mas a bebida é água) e identificar adequadamente o referente, apesar de não satisfazer todas as propriedades atribuídas a ele.

Em resumo, o que Donnellan parece indicar é que o uso referencial pode passar por cima daquilo que a descrição definida estiver identificando literalmente. No entanto, é importante observar que o uso referencial não está necessariamente em distribuição complementar com o uso atributivo; pelo contrário, quando o uso atributivo é bem-sucedido, o que ocorre é que o uso referencial coincide com o uso atributivo.

É importante observar ainda que a referencialidade de um sintagma nominal depende da sua função na frase. Em (17) e em (18), a descrição definida "o presidente" apresenta funções distintas: em (17), "o presidente" se refere a um indivíduo, mas, em (18), o mesmo sintagma nominal (SN) não se refere a qualquer indivíduo – sua função agora é a de descrever uma propriedade atribuída a Pedro.

(17)   Pedro conhece o presidente.
(18)   Pedro é o presidente.

Dizendo de outro modo, (17) faz referência a dois indivíduos: a Pedro e à pessoa que é o presidente; em (18), no entanto, há uma única pessoa sendo referida: Pedro, que também é o presidente. Há, evidentemente, uma distinção notável entre as posições sintáticas de "o presidente" nas duas frases: em (18), o SN cumpre uma função predicativa; enquanto que, em (17), o mesmo SN ocupa a posição de argumento de um predicador (o verbo "conhecer").

21

A identificação do referente efetivo também depende da predicação de outra maneira. Dita num contexto no qual haja quatro bolas, a frase (19) é incapaz de localizar um referente (no caso, porque há mais de uma possibilidade de satisfazer a descrição definida), mas dita num contexto em que apenas uma das bolas esteja efetivamente murcha, o proferimento da frase (19) identifica univocamente sua referência (excluindo as três que não estão murchas). Assim, constatamos que a identificação referencial não se dá exclusivamente através do potencial denotativo do sintagma nominal "a bola", mas também pela predicação com "furou"; ou seja, não estamos nos referindo apenas a uma bola determinada, mas, mais especificamente, a uma bola furada.

(19) A bola furou.

Finalmente, se por um lado a falha descritiva pode levar a uma identificação referencial, como Donnellan constatou, a falha da referência também pode ocorrer, e isso pode se dar de duas maneiras. Por um lado, podemos não ser capazes de identificar o referente simplesmente devido à sua inexistência (falha da pressuposição existencial) ou pela existência de mais de um referente potencial (falha da pressuposição de unicidade, nas descrições definidas) – sobre pressuposição, ver o capítulo "Pressuposição". Por outro lado, a falha pode ocorrer devido à impossibilidade de identificação de qualquer referente, seja atributivamente, seja referencialmente.

(20) Fui atacado pelo unicórnio.
(21) Vou tomar um gole da xícara de café que está em cima da minha mesa.

Qualquer enunciação de (20), feita a respeito do mundo que habitamos tal como acreditamos que ele seja (onde não existem seres que possam ser identificados como unicórnios; seres desse tipo só parecem habitar mundos ficcionais), é incapaz de localizar um indivíduo: se não há unicórnios, como podemos ser ou deixar de ser atacados por algum deles? Já o proferimento de (21), num contexto em que não haja uma xícara de café sobre a minha mesa, nem qualquer outro objeto que pudesse passar por uma xícara de café, impede não apenas o uso atributivo, mas também o uso referencial.

Passemos agora a um outro importante tópico do estudo da referência, as categorias de pessoa, lugar e tempo.

2. CATEGORIAS REFERENCIAIS

Tradicionalmente, as três principais categorias gramaticais associadas à expressão da referência são **pessoa**, **lugar** e **tempo**. Mais recentemente, uma quarta categoria, a de eventualidade, foi acrescentada a essa lista. Vejamos cada uma delas.

2.1 Pessoa

Na verdade, até agora estávamos falando sobre referência exclusivamente do ponto de vista da **referência individual**: referir era identificar uma pessoa ou um objeto sobre o qual vamos dizer algo.

A referência individual é, sem dúvida, o aspecto mais evidente em relação à questão da referência. Nas nossas gramáticas tradicionais, por exemplo, essa função referencial individual já era atribuída aos sintagmas nominais e, principalmente, aos pronomes pessoais. Assim, um pronome como "eu" vai referir, sempre que for usado, à pessoa que o estiver proferindo (excluindo, claro, alguns poucos casos, como o discurso direto) – ver subseção "Dêixis", pág. 33.

Devido a essa remissão às pessoas do discurso, essa categoria acabou sendo chamada, claro, de **pessoa**. No entanto, Benveniste (1988) chamou a atenção que, ainda que faça sentido chamar a primeira e a segunda pessoas de "pessoas", porque designam, respectivamente, a pessoa que fala e a pessoa a quem se dirige o falante, a terceira não constitui necessariamente uma pessoa. Benveniste argumenta que o terceiro caso seria mais bem qualificado como não pessoa, já que pronomes como "ela" e "ele" podem ser usados para designar também objetos, como cadeiras e bolas, ainda que mantenham a capacidade de também se referir a pessoas. Vale observar que, quando se fala em "não pessoa", o termo deve ser entendido como 'não necessariamente pessoa'.

2.2 Espaço

Os nomes próprios, além de serem capazes de ter como referência pessoas e objetos, também podem se referir a localizações espaciais, chamado na nossa tradição gramatical de **lugar**, ou **espaço**. Assim, um nome como "Brasília", por exemplo, se refere à atual capital do Brasil.

Além de nomes próprios de lugares, dispomos ainda de descrições definidas com nomes comuns que identificam localidades, como "a capital do

Brasil", que usamos no parágrafo anterior para se referir a Brasília. Mas diversos outros tipos de nomes comuns são usados para identificar localização espacial, como "a segunda esquina" ou "o número 211 desta rua".

Algumas preposições, como "em", "de", "para" e "até", são usadas na construção de sintagmas preposicionados com função referencial de lugar, como "na estante", "de São Paulo para o Rio de Janeiro" ou "até o próximo semáforo".

Finalmente, advérbios de lugar, como "aqui", "ali", "atrás" e "depois", também são responsáveis pela expressão da localização espacial, como em "aqui nesta rua", "atrás do muro" ou "depois da segunda esquina".

2.3 Tempo

A categoria gramatical de **tempo** apresenta uma diversidade expressiva maior do que as de pessoa e lugar, pois além de ser identificada por nomes e adjuntos adverbiais, também pode ser referida por marcadores flexionais verbais. Além disso, a referência temporal está sujeita a duas dimensões distintas:

1. um sistema relacional que localiza um momento a partir de outro, e
2. a convencionalização de um calendário que disponibiliza nomes próprios para cada um dos dias e da divisão de cada dia em 24 horas (e de cada hora em 60 minutos, e de cada minuto em 60 segundos), o que permite construir um nome próprio para cada instante de tempo.

Começando pela flexão verbal, os verbos em português recebem marcas flexionais que são responsáveis pela identificação temporal através da relação com um momento de referência, que pode ser expresso por um adjunto adverbial de tempo, pelo momento de fala (ou de enunciação) ou pela sentença imediatamente anterior. Na frase (23), por exemplo, o que se narra é que Daniel primeiro apaga a luz e só depois sai do quarto; a primeira sentença da conjunção faz a referência temporal avançar (devido à marcação flexional de perfeito no verbo), de forma que a saída do quarto, apesar de também passada, ocorre depois que a luz foi apagada. Já na frase (23), que descreve potencialmente o mesmo fato descrito em (22), quem oferece a referência temporal é a subordinada adverbial temporal "antes de sair do quarto", através do advérbio "antes", que expressa a anterioridade da saída em relação ao apagamento da luz. Finalmente, para (24), dita sem qualquer suporte de outra sentença próxima, a única saída para encontrar a referência temporal é o momento em que ela é pronunciada; ou seja, a luz foi apagada por Daniel antes de a frase ser proferida.

(22) Daniel apagou a luz e saiu do quarto.
(23) Antes de sair do quarto, Daniel apagou a luz.
(24) Daniel apagou a luz.

Mas a referência temporal ainda dispõe dos mesmos recursos gramaticais das categorias anteriores, de forma que ela pode ser especificada seja através de nomes (tanto próprios quanto comuns), como nas categorias de pessoa e de lugar, seja através de adjuntos adverbiais, como na categoria de lugar.

Essa referência temporal, como dissemos, recorre a uma convenção que nos oferece a possibilidade de criarmos nomes próprios para quaisquer instantes de tempo, chamada de **calendário**. O calendário divide um século em anos, um ano em meses, um mês em semanas, uma semana em dias, um dia em horas, uma hora em minutos e um minuto em segundos. E, estipulando um marco referencial (na nossa cultura, o suposto dia em que Cristo teria nascido), somos capazes de identificar instantes arbitrários de tempo, como na frase (25).

> O calendário atualmente em vigor no mundo ocidental é o **gregoriano**, promulgado em 24 de fevereiro de 1582 pelo papa Gregório XIII (daí seu nome). E as siglas **a.C.** (antes de Cristo) e **d.C.** (depois de Cristo), acrescidas às datas, faziam referência a esse nascimento. Mais recentemente, no entanto, parece estar se estabelecendo uma preferência pelas siglas **a.e.c** (antes da era comum) e **e.c.** (era comum).

(25) Às 14 horas e 30 minutos do dia 8 de outubro de 2021, Daniel jogou futebol.

> Essa distinção em duas séries relacionais com ancoragens distintas é apresentada por Ludlow (1999).

No entanto, independentemente da convencionalização do calendário, dispomos ainda de dois outros sistemas para a especificação do tempo, que faz isso através da explicitação de alguma relação entre o momento que se quer especificar e algum evento conhecido (que funciona como âncora referencial). Num desses sistemas, a relação é especificada deiticamente (falaremos sobre o tema na subseção "Dêixis", pág. 33) como passada, presente ou futura em relação a alguma referência; assim, o passado expressaria a anterioridade em relação a essa referência, o presente, a simultaneidade com a referência, e o

PARA CONHECER **Pragmática**

futuro, a posterioridade. Então, a frase (26), com seu verbo no passado, expressa um evento que ocorreu antes de seu proferimento; já a frase (27), com o verbo no presente, refere-se a um evento que está ocorrendo concomitantemente ao seu proferimento; finalmente, a frase (28), com um verbo no futuro, designa um evento que ainda deve acontecer depois do seu proferimento.

(26)   Daniel tinha jogado futebol.

(27)   Daniel está jogando futebol.

(28)   Daniel vai jogar futebol.

Ainda independentemente do calendário, um segundo sistema relacional pode ser estabelecido anaforicamente (falaremos sobre anáfora na subseção "Anáfora", pág. 28) através de remissões a momentos temporais estabelecidos em outras partes de um mesmo discurso. Observando a frase (29), percebemos que o momento em que Daniel joga futebol é tomando como referência para localizar o evento de beber água como anterior. Na frase (30), por sua vez, o evento de beber água é concomitante ao evento de jogar futebol. Por fim, na frase (31), Daniel só bebe água após o término do evento de jogar futebol.

(29)   Antes de jogar futebol, Daniel bebeu água.

(30)   Enquanto jogava futebol, Daniel bebeu água.

(31)   Depois de jogar futebol, Daniel bebeu água.

Passemos agora à última categoria referencial.

2.4   Eventualidade

A categoria de **eventualidade** (ou de **evento**, como muitos preferem) tem uma história bem mais recente, e não era mencionada na tradição gramatical. Ela não é mencionada, por exemplo, por Fiorin (2016); mas já aparece como tema principal na tese de Basso (2009).

Normalmente, o termo mais usado na bibliografia especializada no assunto é "evento", mas aqui vamos preferir o termo mais genérico "eventualidade", do qual "evento" e "estado" são subtipos, conforme estabelecido por Bach (1986: 6).

Além de podermos falar em indivíduos (pessoas e coisas), lugares e instantes (ou momentos) de tempo, podemos ainda nos remeter aos eventos que transcorrem e aos estados nos quais os indivíduos podem estar. Um exemplo disso ocorre na frase (32), na qual o pronome "isso" remete anaforicamente (ver subseção "Anáfora", pág. 28) ao evento em que Daniel começou a jogar bola, descrito na frase imediatamente anterior à ocorrência do pronome.

(32)   Daniel começou a jogar futebol. Isso aconteceu na semana passada.

Mas também podemos nos referir a eventualidades que ainda vão ser especificadas num trecho posterior do discurso, como em (33). Nesta frase, o SN "O que eu vou contar" se refere cataforicamente (ver subseção "Catáfora", pág. 31) a uma narrativa que ainda está para ser contada.

> Uma narrativa pode ser definida como o relato de um encadeamento de eventualidades que se sucedem no tempo.

(33)   O que eu vou contar aconteceu na semana passada.

Com isso, encerramos a apresentação das categorias referenciais e agora podemos passar para os recursos referenciais relacionais.

3.   RELAÇÕES REFERENCIAIS

Como vimos em seções anteriores, a referência pode operar dentro de um discurso, recuperando informações introduzidas pelo próprio discurso, independentemente da ancoragem externa a ele. Chamamos a ancoragem externa de **exófora** (porque localiza o referente relativamente a alguma propriedade localizada fora do próprio discurso) e de **endófora** as remissões referenciais dentro do discurso.

Vejamos cada uma delas, que podem ambas ser divididas também em duas outras subclasses.

3.1   Endofóricas

No final da seção anterior, vimos que algumas expressões têm a capacidade de se referir a entidades discursivas que já foram introduzidas anteriormente no discurso ou que ainda estão para ser explicitamente mencionadas. Chamamos essa relação de **endofórica**.

Antes de iniciarmos, convém observar que a terminologia linguística apresenta uma variação na escolha dos nomes para o tipo de fenômeno sobre o qual vamos falar. Alguns autores usam indistintamente os termos **pronome** e

anáfora como se fossem uma mesma coisa, enquanto outros designam coisas distintas. O termo **anáfora** também costuma ser diferenciado do termo **dêixis**, sendo que o primeiro é usado para relações internas textuais ou discursivas, enquanto o segundo designa relações extralinguísticas; além disso, o termo demonstrativo (qualificando os pronomes) também é empregado para distinguir um tipo de relação extralinguística diferente da dêixis. Para complicar ainda mais, os filósofos têm falado em **indexicais** (ou **indiciais**, do inglês *indexicals*). Não estaremos aqui imunes a essas confusões, bastante arraigadas nas discussões desses fenômenos.

Passemos agora, então, à apresentação de cada um dos dois tipos de expressões endofóricas.

3.1.1 ANÁFORA

Chamamos de **anáfora** uma expressão linguística cuja interpretação depende da interpretação de um trecho discursivo prévio, que será chamado de **antecedente**.

A classe gramatical que mais imediatamente exemplifica a relação anafórica é a dos pronomes de terceira pessoa. Na frase (34), por exemplo, o pronome "ela" muito provavelmente deve ser interpretado como correfente a "uma chuteira"; ou seja, "ela", aqui, se refere à mesma coisa que "uma chuteira" também se referia.

(34) Daniel comprou [uma chuteira]$_i$, e ela$_i$ é azul.

Dissemos "provavelmente" porque, como veremos na próxima subseção, os pronomes pessoais, inclusive os de terceira pessoa, também podem funcionar deiticamente.

Vimos também, na subseção "Tempo", que os tempos verbais perfectivos também interagem anaforicamente, de forma que a frase que vem depois se localiza num instante de tempo posterior à frase que vem antes (estamos representando essa progressão temporal como "+1", mas o intervalo

> Na Gramática Gerativa (ver, por exemplo, Mioto, Silva e Lopes (2013: 221)), define-se a anáfora como uma expressão que busca seu antecedente no domínio de regência, enquanto o pronome é definido como o tipo de expressão que deve encontrar seu antecedente fora do domínio de regência. No português, as frases constituem domínio de regência.

entre os dois momentos é arbitrário, e não precisam ser contíguos). Portanto, quem profere (35) está dizendo que a pedra primeiro caiu no lago e só depois é que ela afundou.

(35)   A pedra caiu$_t$ no lago e afundou$_{t+1}$.

Outra classe gramatical também tradicionalmente identificada com a anáfora é a dos pronomes relativos. Assim, a análise para uma frase como (36) é a de que a posição vazia (logo também falaremos de categorias vazias anafóricas) correfere com o pronome relativo "que", o qual, por sua vez, também é correfente ao SN "uma chuteira". Ou seja, a relação anafórica entre o sujeito vazio de "é azul" e o SN "uma chuteira" é mediada pelo pronome relativo; sem essa mediação, o sujeito vazio não teria como se relacionar com o antecedente fora do seu domínio.

(36)   Daniel comprou [uma chuteira]$_i$ que$_i$ v_i é azul.

Encontramos a relação anafórica ainda entre uma descrição definida quando ela é usada depois da ocorrência de uma descrição indefinida, sendo ainda necessário que a descrição definida seja hiperônima da descrição indefinida; essa relação foi amplamente reconhecida pela Linguística Textual, como, por exemplo, em Koch (2007: 36). Vemos um

> A relação de hiponímia ocorre entre um termo que designa um tipo e outro que designa o seu subtipo; ou seja, um termo A é hipônimo de B se e somente se todo A for B. Assim, "rosa" é hipônimo de "flor", já que toda rosa é uma flor. O termo mais geral é chamado de **hiperônimo**.

exemplo deste fenômeno na frase (37); aqui a descrição definida "o veículo", hiperônima desse "um carro", recupera anaforicamente o seu referente; ou seja, o que um proferimento desta frase nos comunica é que o veículo que estava em alta velocidade era o carro que bateu no poste.

(37)   [Um carro]$_i$ colidiu com um poste. [O veículo]$_i$ estava em alta velocidade.

Já mencionamos um pouco antes, relativamente ao exemplo (36), o fato de que uma categoria vazia é anafórica. Mas as categorias não precisam necessariamente ser mediadas por pronomes relativos e podem se ligar diretamente aos seus

> Uma categoria vazia é definida como a ocupação de uma posição sintagmática sem uma respectiva realização fonética; ver Mioto, Silva e Lopes (2013: 225).

antecedentes. Porém, a relação não precisa ocorrer apenas entre uma categoria vazia e um núcleo de um SN. Na frase (38), além da relação anafórica entre a categoria vazia v_i e o antecedente "médicos", observamos ainda uma relação anafórica entre o predicado elidido, representado por v_j e o antecedente "são escrupulosos"; ou seja, o que um proferimento de (38) nos informa é que enquanto alguns médicos são escrupulosos, outros médicos não o são.

(38) Alguns médicos$_i$ [são escrupulosos]$_j$, outros v_i não v_j.

Por outro lado, o exemplo (39) nos mostra que a recuperação do antecedente pode envolver não apenas um sintagma complexo, como "chuteira azul", mas também pode gerar alguma ambiguidade: em determinados contextos, o proferimento de (39) pode significar que Pedro comprou outra chuteira azul (representado pelo índice subscrito j); em outros, o proferimento pode ser interpretado como Pedro tendo comprado uma chuteira de outra cor (representada pelo índice subscrito i).

(39) Daniel comprou uma [[chuteira]$_i$ azul]$_j$, e Pedro comprou outra $v_{i/j}$.

Finalmente, o último fenômeno associado à anáfora que gostaríamos de mencionar é o da **anáfora indireta** (algumas vezes também chamada de **anáfora associativa**), conforme descrito por Marcuschi (em Koch, Morato e Bentes, 2005: 53) e por Apothéloz e Reichler-Béguelin (1999). No exemplo (40), em que "~~de v_i~~" representa o não pronunciamento desse constituinte (que deve ser inferido, possivelmente através de uma implicatura – ver capítulo "Implicaturas"), nenhum falante tem dificuldade para entender que o pneu que furou era do mesmo carro que precisou parar, mencionado na oração principal.

(40) [O carro]$_i$ precisou parar porque o pneu ~~de v_i~~ furou.

Essa inferência é motivada por um conhecimento mínimo da constituição dos carros: quase todo falante de português é atualmente capaz de saber que os carros andam apoiados sobre pneus (normalmente quatro) e consegue correlacionar o carro parado com o seu pneu furado; afinal, quando um carro tem um de seus pneus furados, é prudente parar para trocá-lo.

Passemos agora à relação endofórica inversa.

3.1.2 CATÁFORA

A **catáfora** é uma imagem espelhada da anáfora: o que é antecedente na anáfora se torna **sucedente** (que algumas vezes também já foi chamado de **poscedente**), já que a dependência da interpretação da catáfora se dá em relação a algum trecho discursivo que ainda não foi produzido e deve ser buscada após a ocorrência da expressão catafórica.

Na frase (41), o pronome "isso" faz referência ao que ainda vai ser dito, depois dos dois-pontos, além também de ser uma expressão referencial de evento. É em não beber antes de dirigir que se deve prestar atenção.

(41)   Preste atenção nisso: você não deve beber antes de dirigir.

É comum encontrarmos a opinião de que a catáfora é um recurso menos empregado no português do que a anáfora. Apesar de a hipótese nos parecer plausível, não conhecemos nenhum estudo em que tenha sido sistematicamente avaliada; portanto, é arriscado afirmar isso categoricamente.

De qualquer maneira, comparada a atenção que se dá à anáfora, há poucos estudos sobre a catáfora, não só no português, mas em qualquer língua. Passemos então à questão da acessibilidade das endóforas.

3.1.1 Acessibilidade endofórica

A interpretação da anáfora, principalmente no que diz respeito à resolução da identificação do seu antecedente, foi alvo de muitos estudos na década de 90 do século passado, não só na Linguística, mas também na Linguística Computacional (consultar, por exemplo, Lappin e Leass, 1994). Uma das principais conclusões dessas pesquisas foi a identificação de critérios que restringem a possibilidade da interpretação da anáfora. E, apesar de poucos estudos sobre a catáfora, conforme mencionamos, é de se prever que também existam restrições que afetem o relacionamento com seu sucedente.

As frases (42)-(44) oferecem um exemplo desse fenômeno de restrição de acessibilidade do antecedente para a anáfora (esse tipo de exemplo é normalmente atribuído a Barbara Partee). Apesar das frases (42) e (43) relatarem exatamente a mesma situação (são, de acordo com Chierchia (2008: 179), sinônimas-c e podem servir de paráfrase uma da outra), apenas (42) é capaz de oferecer um antecedente para o pronome "ela" em (44); em (43), como não há referência explícita à bolinha de gude que não está na caixa, ainda que essa

PARA CONHECER **Pragmática**

informação possa ser facilmente inferida, o pronome "ela" de (44) não é capaz de achar um antecedente que permita a sua interpretação.

(42) Uma das dez bolinhas de gude não está na caixa.

(43) Nove das dez bolinhas de gude estão na caixa.

(44) Provavelmente, ela está debaixo do sofá.

Outro lugar em que a acessibilidade é recorrentemente apontada é o de antecedentes quantificados que ficam inacessíveis em contextos negados. No discurso (45), o pronome "ela" encontra seu antecedente no SN "uma chuteira", sem qualquer dificuldade. Contudo, já no discurso (46), no qual o SN "uma chuteira" aparece numa frase negada, o pronome "ela" não consegue encontrar um antecedente adequado e, portanto, não pode receber uma interpretação viável.

(45) Daniel comprou uma chuteira. Ela é azul.

(46) Daniel não comprou uma chuteira. *Ela é azul.

O fenômeno da resolução do antecedente das anáforas (bem como, possivelmente, também o do sucedente das catáforas) é bastante complexo e envolve ainda, por exemplo, a questão da concordância em gênero e número entre a expressão endofórica e sua âncora interpretativa, mas essa complexidade já está além do escopo deste livro. Vejamos agora como funcionam as expressões exofóricas.

3.2 Exofóricas

Além de remeterem a outras partes do mesmo discurso, algumas expressões também podem ser usadas para fazer referência a objetos e situações contextuais extralinguísticas. Podemos chamá-las, em oposição às endóforas, de expressões **exofóricas**.

Os pronomes demonstrativos e os pronomes pessoais de terceira pessoa são os exemplos paradigmáticos deste fenômeno. Mas, curiosamente, esses mesmos pronomes também podem sistematicamente assumir uma relação anafórica. Isso parece indicar alguma dependência sistemática entre endófora e exófora, que ainda não foi devidamente identificada.

Essas questões são temas de diversos debates e sua complexidade vai além dos limites deste livro. Contudo, um assunto mais adequado agora é a distinção entre expressões dêiticas e demonstrativas; passemos a elas.

3.2.1 DÊIXIS

Quando falamos de pessoa (subseção 2.1), tempo (subseção 2.3) e espaço (subseção 2.2), já identificamos expressões que funcionam como âncoras, ligando o discurso à situação discursiva. Nessa subseção, porém, vamos chamar a atenção para expressões que fazem isso de forma especial.

Expressões como "eu", "aqui" e "agora" dependem diretamente da situação discursiva, independentemente de qualquer intenção referencial do falante: "eu" se refere àquele que fala, "aqui" se refere ao espaço no qual o falante está falando e "agora" se refere ao momento em que o falante está falando. Vamos chamar essa relação de **dêixis**.

A frase (47) é um exemplo clássico que apresenta as três palavras, recorrentemente lembrado na Filosofia devido a uma propriedade intrigante: sempre que é pronunciada, essa frase é automaticamente verdadeira; no entanto, essa não é uma verdade necessária, como mostra a frase (48), que pode não ser verdadeira, já que o falante não precisaria estar necessariamente naquele lugar naquele instante (ele poderia estar em qualquer outro lugar).

(47)   Eu estou aqui agora.

(48)   Eu estou necessariamente aqui agora.

De volta à questão linguística, esse conjunto formado pelas palavras "eu", "aqui" e "agora" costuma ser chamado de centro dêitico, porque as referências relacionais são feitas sempre a partir dessas três posições: o falante que produz o discurso, o lugar em que o discurso é produzido e o momento no qual o discurso é proferido. O pronome de segunda pessoa, por exemplo, é definido a partir da primeira pessoa: a segunda pessoa é a quem o falante se dirige. Mas o centro dêitico também é relevante para os demonstrativos; vejamos como.

3.2.2 DEMONSTRATIVO

A ancoragem em relação à situação discursiva também pode ser feita por um outro tipo de expressão, com a remissão sendo feita de forma menos autônoma do que a da dêixis. Os **demonstrativos**, ao contrário da dêixis, fazem a remissão referencial apoiados em algum tipo de ostensão (ou seja, um gesto que torna alguma coisa saliente no contexto, como apontar) que identifique alguma parte do contexto para ser referenciada.

PARA CONHECER **Pragmática**

A frase (49) recorre ao pronome demonstrativo "esta" para indicar uma caneta nas imediações contextuais onde o falante a está proferindo; é a ela que o falante atribui a propriedade de ser preta. Em (49), o pronome demonstrativo ocorre numa posição de modificador nominal, mas esse mesmo pronome pode ser usado como núcleo nominal, como em (50), cujo proferimento seria ainda mais dependente das informações contextuais, já que a informação do tipo de objeto não é fornecida, ao contrário da outra frase, na qual a ostensão precisa ser restrita a uma caneta.

(49)   Esta caneta é preta.

(50)   Esta é preta.

Sistemas demonstrativos geralmente se apoiam no centro dêitico, oferecendo alternativas de identificação baseadas na relação com alguma categoria do centro dêitico. Em português, por exemplo, dispomos de uma métrica basea-

> Levinson (2007: 100) menciona línguas que empregam outras dimensões que não a distância, como estar acima, abaixo ou na altura do falante. O autor também diz que existem línguas que podem apresentar até seis graus de distinção, e não apenas dois ou três.

da na proximidade com o falante: para objetos próximos do falante, usamos "esta"/"este"; para objetos distantes do falante, usamos "aquela"/"aquele", como nas frases (51) e (52), que também apresentam a mesma distribuição ou com o núcleo ou como modificador nominal.

(51)   Aquela caneta é preta.

(52)   Aquela é preta.

O português possuiria a possibilidade de distinguir um terceiro grau de proximidade, expresso pelo pronome "essa"/"esse", como em (53) e (54), que remeteria às imediações da pessoa a quem o falante está se dirigindo, mas dois fatores podem estar colaborando para a perda desta distinção: a proximidade fonética entre os demonstrativos de primeira e segunda pessoa e a sobreposição de significado que há entre os demonstrativos de segunda e de terceira pessoa. Como o demonstrativo de terceira pessoa remete a um local distinto do local do falante, ele pode recobrir a interpretação do demonstrativo de segunda pessoa, já que a pessoa a quem o falante se dirige não ocupa o mesmo lugar que o falante ocupa (excluída, claro, a possibilidade de o falante estar falando consigo mesmo).

34

(53)   Essa caneta é preta.

(54)   Essa é preta.

Dispomos ainda de um sistema demonstrativo de quatro graus, como nas frases (55)-(57). Além do dêitico "aqui", temos "aí", para indicar um local próximo à segunda pessoa (55); "ali", para lugares distantes do falante e de seus interlocutores (56); e "lá", para apontar coisas que estão ainda mais distantes (57). Todas essas palavras são advérbios e oferecem quatro graus de distinção.

(55)   A caneta está aí.

(56)   A caneta está ali.

(57)   A caneta está lá.

Em alguns textos, ainda podemos encontrar o advérbio "acolá", que está em desuso, o que torna difícil identificar a sua função em comparação com as outras quatro expressões. Uma hipótese para explicar essa quinta dimensão poderia recorrer a um local ainda mais distante do que aquele apontado por "lá", ou ainda à distinção entre definido e indefinido: "lá" designa um lugar distante mas definido, enquanto "acolá" designaria um lugar distante e indefinido. Contudo, devido à diminuição do seu uso, é difícil averiguar a intuição dos falantes sobre isso.

Finalmente, para encerrar essa seção sobre os demonstrativos, vamos ressaltar o fato de que o português não parece dispor de um sistema demonstrativo para a categoria de tempo. Advérbios como "anteontem", "ontem" e "amanhã" não apresentam a mesma dependência ostensiva dos demonstrativos, sendo melhor classificados como dêiticos. "Ontem", por exemplo, designa o dia imediatamente anterior ao dia em que se profere a frase na qual ele estiver sendo usado; essa localização é relativa apenas ao centro dêitico, e não depende de qualquer ostensão explícita por parte do falante para indicar o afastamento do momento de proferimento.

Passemos agora à saliência exofórica.

3.2.3 SALIÊNCIA EXOFÓRICA

Vamos encerrar o capítulo falando de uma propriedade contextual necessária para a interpretação dos demonstrativos: a saliência exofórica.

Podemos pensar na saliência exofórica, também chamada de saliência contextual, ou apenas de saliência, como um análogo da acessibilidade

PARA CONHECER **Pragmática**

endofórica, só que agora para as expressões demonstrativas. Com um grau de vagueza maior do que o das expressões dêiticas, os demonstrativos dependem de certos objetos estarem contextualmente mais salientes, de forma que possam ser referidos com menos chance de confusão referencial.

A frase (58) é um exemplo da saliência exofórica. Dita num contexto em que alguém liga algum aparelho bem barulhento (e, provavelmente, num tom de reclamação), um interlocutor não tem dificuldade para entender que o falante, incomodado com o barulho, está usando "isso" para se referir à fonte daquele ruído intenso.

(58)   Desliga isso.

Neste capítulo, investigamos a referência, ou o ato de referir, do ponto de vista da Pragmática. O principal tópico abordado foi sua identificação pragmática, apresentamos diversos exemplos de fenômenos em seu emprego, observamos algumas causas das falhas do ato de referir e, principalmente, procuramos compreender o mecanismo linguístico envolvido. Sendo assim, passemos agora ao próximo capítulo, sobre pressuposição.

Leituras sugeridas

Para complementar as informações, os leitores interessados podem se beneficiar com as seguintes indicações para leituras, em português, de textos mais curtos: "Sobre o sentido e a referência", de Frege (2009); "Dêixis", capítulo 2 do livro de Levinson (2007); e "Referência e descrições definidas", de Donnellan Neto e Santos (2017).

O primeiro texto sugerido é um grande clássico da Semântica, e podemos dizer que Frege tem a mesma importância para a Semântica Formal que Saussure teve para a Linguística. O terceiro texto é um clássico da Filosofia sobre a distinção entre uso referencial e uso atributivo. O terceiro é um capítulo do principal manual de introdução à Pragmática.

Para os leitores que ainda tiverem mais fôlego, seguem agora as recomendações de livros e teses, ainda em português: *Nomes próprios: semântica e ontologia*, de Brito (2003); *Os enigmas do nome*, de Campos (2004); *As astúcias da enunciação*, de Fiorin (2016); e *A semântica das relações anafóricas entre eventos*, de Basso (2009).

O primeiro e o último são teses de doutorado que abordam assuntos tratados neste capítulo, mas infelizmente apenas o primeiro foi editado como livro. O livro de Fiorin apresenta o assunto a partir da perspectiva da Semântica da Enunciação, enquanto o de Campos debate a questão da referência interagindo bastante com a Filosofia Analítica.

Para os leitores que compreendem inglês, sugerimos três textos curtos: "Reference", de Carlson (2004); "Reference", de Abbott (2017); e "Reference", verbete na *Stanford Encyclopedia of Philosophy*, de Reimer e Michaelson (2016).

Os dois primeiros saíram em grandes compêndios de Pragmática. O terceiro é um verbete da famosa enciclopédia de filosofia da Universidade de Stanford, escritos por pesquisadores importantes.

Finalmente, também sugerimos um livro inteiro sobre a referência, escrito pela mesma autora do segundo item da lista anterior (em inglês): *Reference*, de Abbott (2010).

Exercícios

1. Na frase "Dom Pedro I foi o primeiro imperador do Brasil", sobre quantos indivíduos se está falando? De que maneira é possível identificar efetivamente (no mundo real) o(s) indivíduo(s) referido(s)?

2. Compare a frase do exercício anterior com a frase "Antônio consultou o médico de Maria"; agora é possível identificar efetivamente mais de um indivíduo? Como a quantidade de indivíduos sobre os quais se fala está relacionada ao uso dos sintagmas nominais que ocorrem na frase (os nomes próprios "Dom Pedro I" e "Antônio", e as descrições definidas "o primeiro imperador do Brasil" e "o médico de Maria")?

3. Os demonstrativos "esta" e "aquela" também apresentam a mesma ambiguidade entre função endofórica e exofórica. Explique como isso ocorre na frase (a) a seguir.

   a. Daniel comprou uma bola e uma chuteira. Esta era azul e aquela era verde.

PRESSUPOSIÇÃO

Objetivos do capítulo

⊃ Identificar pragmaticamente o ato de pressupor.
⊃ Dar exemplos de fenômenos em que o ato de pressupor é empregado.
⊃ Observar quando o ato de pressupor falha.
⊃ Compreender o mecanismo linguístico do ato de pressupor.

1. ANTECEDENTES HISTÓRICOS

Modernamente, o conceito de pressuposição foi identificado pelo filósofo da matemática Gottlob Frege (2009) em seu famoso texto "Sobre o sentido e a referência", publicado originalmente em 1892.

> Sobre o sentido, consulte-se Gomes e Mendes (2018: 40-47), desta mesma coleção; quanto às condições de verdade, ver o mesmo livro de Gomes e Mendes (2018: 15-17).

Discutindo a distinção entre a capacidade de falar das coisas do mundo (ou seja, a referência; ver capítulo "Referência") e a capacidade de compreender a expressão linguística para além daquilo que é referido (algumas expressões, como "o presidente da Inglaterra", não apresentam referência, mas podem ser perfeitamente compreendidas), Frege observou que algumas expressões não colaboram diretamente para as condições de verdade, constituindo antes pré-condições para uma expressão ter suas condições de verdade avaliadas.

39

PARA CONHECER **Pragmática**

Frege (2009: 145) observou que uma análise ingênua de uma sentença como (1) poderia nos fazer acreditar que ela pudesse ser parafraseada como (2), sugerindo que o sujeito da frase (1) colaboraria nas suas condições de verdade com um dos elementos de uma conjunção, na qual se afirma a existência de um descobridor da forma elíptica das órbitas planetárias.

(1)   Quem descobriu a forma elíptica das órbitas planetárias morreu na miséria.

(2)   Alguém descobriu a forma elíptica das órbitas planetárias e ele morreu na miséria.

No entanto, se observarmos a negação de (1) em (3), seria esperado que sua paráfrase fosse como em (4); mas isso evidentemente não acontece (a frase não parece, inclusive, ser interpretável, devido à opacidade anafórica: se não há ninguém que tenha descoberto a

> A frase (2) tem a estrutura lógica "$p \wedge q$"; a sua negação "$\neg(p \wedge q)$" é equivalente a "$\neg p \vee \neg q$", que é o formato da frase (4). Essa equivalência é o que justifica o argumento de Frege; sobre essa representação lógica e a equivalência das frases mencionadas aqui, ver Mortari (2016: 147).

forma elíptica das órbitas planetárias, não haveria ninguém para não morrer na miséria). A paráfrase mais adequada seria (5), em que a existência de um descobridor da forma elíptica das órbitas planetárias continua valendo, ficando fora do escopo da negação.

(3)   Quem descobriu a forma elíptica das órbitas planetárias não morreu na miséria.

(4)   Ninguém descobriu a forma elíptica das órbitas planetárias ou ele não morreu na miséria.

(5)   Alguém descobriu a forma elíptica das órbitas planetárias e ele não morreu na miséria.

Essa observação acabou sendo usada como critério para a identificação de uma parte da significação que não é afetada por um operador vericondicional e ficou sendo conhecida como o **teste da negação** para a pressuposição.

> A negação é definida semanticamente como a operação de inversão do valor de verdade por Chierchia (2013: 204). Sobre o princípio do terceiro excluído, consultar Branquinho, Murcho e Gomes (2006: 763).

Constatando que a existência do descobridor da forma elíptica das órbitas planetárias é condição tanto para a frase afirmativa (1) quanto para sua contraparte negativa (3), Frege concluiu que o sujeito dessas frases não assere a referência desse descobridor, e sim que ele a **pressupõe**. E, devido ao princípio do terceiro excluído, a existência desse descobridor é uma precondição para que as frases possam ter suas condições de verdade avaliadas; ou seja, se a pressuposição não for satisfeita, a frase não pode ser nem verdadeira nem falsa, fazendo com que seu valor de verdade fique indeterminado.

Essa análise fregeana vai ser depois contestada por Russell (1989), que em seu não menos famoso artigo sobre a teoria das des-

> O escopo é a determinação da área afetada por uma operação.

crições definidas defende que a negação de uma frase é ambígua entre duas leituras a depender do escopo da negação. Assim, a frase (6) poderia ser interpretada como tendo uma ocorrência primária de "o rei da França", como em (7), ou como tendo uma ocorrência secundária, como em (8).

(6)   O rei da França não é careca.

(7)   Existe um e apenas um rei da França e não é verdade que ele é careca.

(8)   Não é verdade que existe um e apenas um rei da França e que ele é careca.

Em sua ocorrência primária, em (7), "o rei da França" estaria fora do escopo da negação; já em sua ocorrência secundária, em (8), "o rei da França" estaria dentro do escopo da negação e também faria parte do conteúdo que está sendo negado. Na frase (8), procuramos manter o escopo amplo da negação usando a expressão "não é verdade que", que pode ter seu escopo marcado pela conjunção de subordinadas ("que... e que..."); a frase (9), sem essa conjunção de subordinadas, acaba sendo ambígua entre uma leitura de escopo amplo e outra na qual a negação afetaria apenas "existe um e apenas um rei da França".

(9)   Não é verdade que existe um e apenas um rei da França e ele é careca.

Infelizmente, Russell não apresenta qualquer tentativa de superar a restrição de Frege, que continuaria afetando a interpretação da ocorrência secundária, já que (8) continua sendo equivalente a (10), de acordo com a proposta da teoria das descrições definidas.

(10)   Não há um rei da França, ou há mais de um rei da França, ou, se há um rei da França, ele é careca.

Além disso, a proposta russeliana foi contestada por Strawson (1989), que defende a concepção fregeana de pressuposição, chamando a atenção para o fato de que o fenômeno não é semântico, e sim pragmático. Para Strawson, como vimos (1989: 11), não são as expressões linguísticas que referem, e sim os falantes, ao usarem as expressões com uma determinada intenção de sugerir uma referência individualizante.

Assim, de acordo com Strawson (1989), uma frase só pode ser usada para fazer uma asserção verdadeira ou falsa se quem a pronuncia estiver falando sobre alguma coisa. Consequentemente, a referência não é asserida, e sim pressuposta; e a pressuposição é um ato executado pelo falante, e não pela frase; seria ridículo imaginar que a frase – um

> Em pelo menos um momento, Strawson (1989: 165) fala em "sentido relevante de implicar", sugerindo algum parentesco com as implicaturas (ver capítulo "Implicaturas").

ser abstrato, e, portanto, inanimado – fizesse algo. Assim, a referência, como a pressuposição, seria portanto uma precondição pragmática para o uso adequado do conteúdo semântico proposicional da frase.

2. ACARRETAMENTO × PRESSUPOSIÇÃO

A observação fregeana de que partes das inferências associadas a uma frase não são afetadas pela negação enquanto outras são permite separar dois tipos de inferências:

1. os acarretamentos (a parte do significado que é diretamente afetado pela negação proposicional) e
2. as pressuposições (a parte do significado que não é diretamente afetada pela negação proposicional).

Esse critério, como dissemos, ficou conhecido como **teste da negação**.

A título de ilustração desse teste, observe as frases:

(11) Pedro conseguiu estacionar o carro.

(12) Pedro estacionou o carro.

(13) Pedro tentou estacionar o carro.

(14) Pedro não conseguiu estacionar o carro.

(15) Pedro não estacionou o carro.

A partir da frase (11), podemos inferir tanto (12) quanto (13). No entanto, quando negamos (11), como em (14), (12) deixa de valer como inferência e a nova inferência que passa a valer é (15); mas (13) continua sendo uma inferência válida de (14).

A partir de observações desse tipo se constata que a pressuposição é uma condição de uso da frase (e não da sua interpretação semântica,

> A expressão "sse" é uma abreviação de "se e somente se".

já que não muda nem na sua versão afirmativa nem na sua versão negativa), como reconhece Chierchia (2013: 186): a pressuposição determina condições que um contexto deve satisfazer para que uma frase possa ser usada apropriadamente. Por isso, a pressuposição é definida por Chierchia (2013: 186) da seguinte maneira: "*A* pressupõe *B* sse *B* deve ser dada como certa em todo contexto no qual *A* é usada."

3. O TESTE DA FAMÍLIA-P

Apesar do reconhecimento antigo da pressuposição como fenômeno pragmático, a impressão inicial é de que ela é apresentada como um fenômeno semântico. Chierchia (2008: 185), por exemplo, reconhece a pressuposição como fenômeno pragmático; no entanto, o mesmo Chierchia (2008: 186) apresenta o

> Chierchia (2008) usa o termo **P-família**, provavelmente devido à influência do termo em inglês "*presupposition family*". Aqui vamos preferir abreviar o termo a partir da forma portuguesa "família pressuposicional".

teste da família-P, no qual se observa que a pressuposição se mantém constante dentro de um grupo de frases que apresentam determinados formatos gramaticais, o que sugere que a pressuposição estaria localizada na expressão, e não no seu uso.

A motivação por trás do teste da família-P é que a pressuposição é uma inferência que se estabelece não apenas a partir de uma frase afirmativa, como (16), e de sua negação, como (17) – de acordo com a observação de Frege que motivou o teste da negação –, mas também de sua interrogativa polar (18), da interrogativa polar da negação (19), da frase colocada no antecedente de

> Frases condicionais têm a forma "se *A*, então *B*"; *A* é chamado de antecedente e *B* de consequente. A ideia é que a alegação feita no consequente depende da verdade do antecedente, por isso a verdade do consequente não se estabelece incondicionalmente (daí o seu nome) – sobre a semântica do condicional, ver Chierchia (2008: 204); sobre seu funcionamento pragmático, ver Geraldi (1978).

um condicional (20) e da sua negação também no antecedente do condicional (21). Assim, qualquer uma das frases em (16)-(21) levam à conclusão em (22).

(16) Foi o Mário quem comeu o bolo.

(17) Não foi o Mário quem comeu o bolo.

(18) Foi o Mário quem comeu o bolo?

(19) Não foi o Mário quem comeu o bolo?

(20) Se foi o Mário quem comeu o bolo, ele ficará de castigo.

(21) Se não foi o Mário quem comeu o bolo, ele não ficará de castigo.

(22) Alguém comeu o bolo.

Dessa maneira, a pressuposição foi concebida inicialmente como um fenômeno do nível da frase e, portanto, da semântica (que lidaria com a significação do tipo abstrato – *type*, em inglês), e não da pragmática (que lidaria com a significação da ocorrência concreta – *token*, em inglês).

> A frase (16) tem um formato especial e é também chamada de **clivada**. A função desse formato é justamente o de criar pressuposição.

De todo modo, essa parece ser uma questão completamente aberta, e ainda deve gerar muita discussão antes de podermos chegar a alguma conclusão quanto à pressuposição ser um fenômeno semântico ou pragmático, se isso for possível.

4. GATILHOS PRESSUPOSICIONAIS

É recorrente na literatura pressuposicional a ideia de que a pressuposição é colocada em evidência (alguns termos usados para descrever esse fenômeno são **disparar**, **acionar** e **ativar**) por certas expressões ou construções sintáticas chamadas de **gatilhos** (*triggers*, em inglês).

Vejamos então alguns desses gatilhos, listados por Levinson (2007: 226-231).

4.1 Descrição definida

O primeiro tipo de expressão linguística percebido como acionador de pressuposição foi a descrição definida, já usada por Frege na sua argumentação sobre o descobridor da forma elíptica da órbita dos planetas (exemplo (1), deste capítulo). O debate entre Strawson e Russell também girou em torno da determinação da natureza interpretacional da descrição definida "o atual rei da França", na frase em que se cogitava a sua suposta calvície (exemplo (5), do capítulo "Referência").

Mais recentemente, com o reavivamento do conceito de termos de massa, a partir de Carlson e Pelletier (1995), observou-se que nem todos os sintagmas nominais

> Por termo de massa se designam expressões que denotam coisas que não são indivíduos, geralmente substâncias, como "água", "mel", "areia" etc.

encabeçados pelo artigo definido no singular designavam indivíduos. Ou seja, nem todos eram descrições definidas individuais; alguns, como "a água no copo sextavado", descrevem definidamente porções de alguma substância, e não um indivíduo. Portanto, a concepção da pressuposição das descrições definidas precisou ser matizada.

Como ocorre com a referencialidade dos sintagmas nominais, a descrição definida não dispara pressuposição quando o sintagma nominal ocorre numa posição predicativa, como em (23). Só quando ocorre numa posição argumental (como sujeito, objeto direto ou objeto indireto) é que a descrição definida aciona a pressuposição de existência; em (24), por exemplo, em que "o único metalúrgico que foi eleito presidente" figura como objeto direto, temos a pressuposição da existência de um indivíduo que é metalúrgico, foi eleito presidente, e nenhum outro metalúrgico além dele foi eleito presidente.

(23)   Lula é o único metalúrgico que foi eleito presidente do Brasil.

(24)   Pedro conhece o único metalúrgico que foi eleito presidente do Brasil.

4.2 Clivadas

Já vimos que as frases clivadas são ativadoras de pressuposição; relembrando o exemplo (16), que pressupõe (22). A título de novos exemplos, podemos observar que, a partir da frase (25), podemos construir as clivadas em (26) e (27).

(25)   O menino comprou aquela bola.

(26)   Foi o menino que comprou aquela bola.

(27)   Foi aquela bola que o menino comprou.

4.3 Alguns tipos de verbos

No início da década de 1970, alguns pesquisadores, como Kiparsky e Kiparsky (1970), Fillmore (1971) e Karttunen (1971), perceberam que alguns tipos de verbos também acionavam pressuposição.

4.3.1 FACTIVOS

Alguns verbos, como "lamentar" e "perceber", acarretam a verdade da sua subordinada. Assim, as frases (28) e (29) acarretam a frase (30); ou seja, a verdade de (28) ou de (29) nos obriga à verdade de (30).

(28) Pedro lamentou que o pneu tinha furado.

(29) Pedro percebeu que o pneu tinha furado.

(30) O pneu tinha furado.

> Estamos usando **acarretar** para identificar o fato de que a verdade de uma frase obriga à verdade de outra; a pressuposição não tem seu acarretamento violado pela negação, enquanto a consequência é anulada quando a frase que a acarreta é negada.

Mas como nos mostra o teste da negação, as contrapartes negativas de (28) e de (29), em (31) e (32), continuam acarretando a mesma frase (30), o que nos indica que não se trata de uma mera implicação, mas de uma pressuposição.

(31) Pedro não lamentou que o pneu tinha furado.

(32) Pedro não percebeu que o pneu tinha furado.

Depois, observou-se também que não apenas verbos, mas outras classes gramaticais também podem apresentar esse mesmo comportamento. Assim, um adjetivo como "orgulhoso" aciona o mesmo tipo de pressuposição; tanto a frase (33) quanto a frase (34) têm como consequência a frase (35).

(33) Ana está orgulhosa por ter passado no vestibular.

(34) Ana não está orgulhosa por ter passado no vestibular.

(35) Ana passou no vestibular.

4.3.2 IMPLICATIVOS

Outros verbos, como "conseguir" e "lembrar", apresentam um comportamento pressuposicional um pouco diferente. Como os verbos factivos, eles também acarretam o seu complemento. Assim, a frase (38) é consequência tanto da frase (36) quanto da frase (37).

(36) Pedro conseguiu abrir a porta.

(37) Pedro lembrou de abrir a porta.

(38) Pedro abriu a porta.

Mas, diferentemente dos factivos, a negação dos implicativos não mantém o acarretamento da subordinada; como se pode constatar, nem (39) nem (40) acarretam (38). Ao contrário, elas acarretam a sua negação (41).

(39) Pedro não conseguiu abrir a porta.
(40) Pedro não lembrou de abrir a porta.
(41) Pedro não abriu a porta.

O padrão pressuposicional dos implicativos é mais complexo do que o dos factivos. A frase (36), bem como sua negação (39), acarretam a frase (42), que se constitui então como sua pressuposição. Da mesma maneira, cada uma das frases (37) e (40) acarretam a frase (43), que é a pressuposição de ambas.

(42) Pedro tentou abrir a porta.
(43) Pedro tinha que abrir a porta.

Alguns implicativos, como "esquecer", têm um padrão ainda mais complexo porque acarretam a negação da sua subordinada (sendo chamados de implicativos negativos), que não é pressuposta; como com o verbo "lembrar", a pressuposição de "esquecer" é (43). Observando agora as frases (44) e (45), constamos que ambas acarretam (43); no entanto, (44) acarreta (41), enquanto (45) acarreta (38). Ou seja, um verbo implicativo negativo assere a negação do seu complemento e pressupõe a mesma coisa que o implicativo afirmativo.

(44) Pedro esqueceu de abrir a porta.
(45) Pedro não esqueceu de abrir a porta.

4.3.3 ASPECTUAIS

Verbos aspectuais – terminativos, como "parar", incoativos, como "começar", e permansivos, como "continuar" – também apresentam um padrão pressuposicional.

A frase (46) assere (47), enquanto a frase (48) assevera (49). Mas como tanto (46) quanto (48) acarretam (50), esta última frase se qualifica como pressuposição daquelas outras duas.

(46) Pedro parou de fumar.
(47) Pedro não fuma.

PARA CONHECER **Pragmática**

(48)   Pedro não parou de fumar.
(49)   Pedro fuma.
(50)   Pedro fumava.

Com o verbo "começar" o padrão é espelhado em relação ao de "parar". A frase (51) assevera (49), enquanto (52) nos garante (47). No entanto, ambas as frases (51) e (52) acarretam (53); portanto, a pressuposição de (51) e de (52) é a negação de (50). Como os comportamentos aspectuais de "começar" e "parar" são espelhados, era de se desconfiar que suas pressuposições também fossem espelhadas.

(51)   Pedro começou a fumar.
(52)   Pedro não começou a fumar.
(53)   Pedro não fumava.

Já o verbo "continuar" apresenta uma mistura dos dois padrões. A frase (54) acarreta (50) e (49); enquanto (55) acarreta (50) e (47). Portanto, o verbo "continuar" apresenta a mesma pressuposição de "parar", mas apresenta o padrão assertivo de "começar".

(54)   Pedro continuou fumando.
(55)   Pedro não continuou fumando.

4.3.4 DE JULGAMENTO

Finalmente o último tipo de verbo dentre os que foram apontados como acionadores de pressuposição são os chamados verbos de julgamento, como "criticar" e "acusar". As frases (56) e (58), assim como suas contrapartes negativas (57) e (59), acarretam a frase (60).

(56)   Maria criticou Pedro por não se informar direito antes das eleições.
(57)   Maria não criticou Pedro por não se informar direito antes das eleições.
(58)   Maria acusou Pedro de não se informar direito antes das eleições.
(59)   Maria não acusou Pedro de não se informar direito antes das eleições.
(60)   Pedro não se informou direito antes das eleições.

Isso mostra que a relação entre (60) e essas outras frases não é de mera consequência, e sim de pressuposição.

48

4.4 Expressões interativas

Outro grupo apontado como disparador de pressuposição é composto pelas expressões interativas, tais como "novamente" ou "recuperar". Assim, espera-se que as frases (61) e (62) acarretam a frase (63).

(61) Pedro saiu novamente.

(62) Pedro não saiu novamente.

(63) Pedro já tinha saído antes.

Mas aqui é preciso observar que o fenômeno parece ser mais complexo, porque a negação pode interagir com a focalização, de forma que ela atue ou sobre o verbo "sair", cuja interpretação pode ser

> A focalização é um fenômeno semântico-pragmático, marcado na prosódia, que consiste na identificação de uma dentre algumas alternativas pertinentes.

parafraseada por (64), ou sobre o advérbio "novamente", cuja interpretação resultaria na paráfrase (65), ou ainda sobre ambos ("sair novamente"), tendo uma interpretação parafraseada por (66).

(64) Pedro tinha saído, mas não tornou a sair.

(65) Pedro saiu, mas não tinha saído antes.

(66) Pedro tornou a não sair.

Com o foco em "sair", a negação não incide sobre uma saída anterior, e sim sua suposta segunda ocorrência, como em (64). Se o foco incide apenas em "novamente", a negação afeta somente a asseveração da reincidência da saída, como em (65). Mas quando o foco se estende tanto a "saiu" quanto a "novamente", a negação assere que Pedro já não tinha saído antes e tornou a não sair, como em (66).

Com o verbo "recuperar" a pressuposição parece ser de um tipo mais complexo. Pelo teste da negação, podemos ver que as frases (67) e (68) acarretam a frase (69) composta por uma conjunção, pois, para que Pedro possa recuperar sua bicicleta, é preciso primeiro que ele tivesse uma, mas que também a tivesse perdido – ou seja, são duas as condições pressupostas, encadeadas sequencialmente.

(67) Pedro recuperou sua bicicleta.

(68) Pedro não recuperou sua bicicleta.

(69) Pedro tinha e deixou de ter uma bicicleta.

Mas como tanto a frase (70) quanto a frase (71) acarretam a frase (72), podemos estar diante de um encadeamento de pressuposições: a frase (67) pressupõe a frase (70), que pressupõe a frase (72); supondo agora que a pressuposição seja uma relação transitiva, podemos inferir que a frase (67) pressupõe a frase (72).

(70) Pedro deixou de ter uma bicicleta.

(71) Pedro não deixou de ter uma bicicleta.

(72) Pedro tinha uma bicicleta.

Na verdade, a própria frase (61) parece estar sujeita a este encadeamento pressuposicional. Como a frase (73) pressupõe a frase (74), podemos dizer que (61) pressupõe diretamente apenas (73) e, transitivamente, também pressupõe (74), já que esta é pressuposta pela anterior.

> Uma relação é transitiva se, quando ela se estabelece entre a e b, e também entre b e c, ela se estabelece necessariamente entre a e c. Usando R para representar a relação, podemos esquematizar a transitividade da relação R da seguinte maneira: se aRb e bRc, então aRc.

(73) Pedro já tinha voltado.

(74) Pedro já tinha saído.

4.5 Subordinadas adjetivas explicativas

As orações subordinadas adjetivas se distinguem entre dois tipos, marcados prosodicamente (indicado na ortografia pela presença ou ausência de vírgulas), já que segmentalmente são iguais: as adjetivas restritivas, como (75) e as adjetivas explicativas, como (76).

(75) O menino que tinha comprado uma bola ficou contente.

(76) O menino, que tinha comprado uma bola, ficou contente.

Do ponto de vista da interpretação, as restritivas cooperam para determinar a identidade do indivíduo descrito em (75): é alguém que é tanto um menino quanto alguém que tinha comprado uma bola; ambas as propriedades são igualmente importantes para determinar a referência. Nas explicativas, a subordinada não é determinante para a identificação da referência; sua função, em (76), seria apenas a de relembrar uma propriedade do menino já conhecida pelos interlocutores.

Como demonstra o teste da negação, tanto (76) quanto sua negação (77) acarretam (78), ao contrário de (75). Assim, (78) é pressuposição de (76) e de (77).

(77) Não é verdade que o menino, que tinha comprado uma bola, ficou contente.
(78) O menino tinha comprado uma bola.

4.6 Subordinadas adverbiais temporais

Outro grupo de subordinadas que disparam pressuposição é o das adverbiais temporais, que serão exemplificadas aqui encabeçadas pelas palavras "antes", "depois" e "enquanto" (o que indica, inclusive, um possível parentesco com os verbos aspectuais).

Como se pode constatar, as frases (79), (80) e (81), bem como suas respectivas negações (82), (83) e (84), acarretam a frase (85).

(79) Antes de Maria sair, Pedro estava em casa.
(80) Depois de Maria sair, Pedro estava em casa.
(81) Enquanto Maria saía, Pedro estava em casa.
(82) Não é verdade que, antes de Maria sair, Pedro estava em casa.
(83) Não é verdade que, depois de Maria sair, Pedro estava em casa.
(84) Não é verdade que, enquanto Maria saía, Pedro estava em casa.
(85) Maria saiu.

Portanto, (85) é pressuposta por todas as outras frases, (79)-(84).

4.7 Condicional contrafactual

Alguns autores costumam listar os condicionais contrafactuais entre os gatilhos pressuposicionais. Um condicional contrafactual é um condicional no qual se infere a falsidade do antecedente. Na frase (86), então, a conclusão seria (87); e ela seria uma pressuposição.

(86) Se Pedro saísse, Maria o teria encontrado.
(87) Pedro não saiu.

Numa primeira avaliação, o condicional contrafactual passa no teste da família-P. Para o teste da negação, precisamos usar a frase (88) – como já fizemos com as adverbiais temporais e as adjetivas explicativas – que efetivamente acarreta (87).

(88)   Não é verdade que se Pedro saísse Maria o teria encontrado.

A interrogativa (89) também acarreta (87). É importante ressaltar que a alocação de um condicional no antecedente de outro resultaria numa frase que seria muito difícil de ser cognitivamente processada, por isso essa parte do teste é inviável.

(89)   Se Pedro saísse, Maria o teria encontrado?

No entanto, o condicional contrafactual ainda é um assunto pouco conhecido no português, que apresenta uma flexão temporal-aspectual mais complexa do que o inglês (língua usada em quase todas as reflexões sobre o assunto). Observando outras combinações entre as flexões verbais do antecedente e do consequente, constatamos que as frases (90)-(94) não constituem contrafactuais, mas (95) sim; aparentemente, o antecedente estar no indicativo – (90) e (91) – ou no subjuntivo – (92) e (93) – não é determinante para a contrafactualidade, o que parece importar é que o consequente esteja no futuro do pretérito – (86) e (95) –, que é um tempo supostamente do indicativo, mas tem interpretações conjuntivas. Essas observações apontam para o fato de que não é o condicional sozinho que leva à contrafactualidade.

(90)   Se Pedro sai, Maria o encontra.
(91)   Se Pedro saiu, Maria o encontrou.
(92)   Se Pedro saísse, Maria o encontrava.
(93)   Se Pedro sair, Maria o encontrará.
(94)   Se Pedro saísse, Maria o encontraria.
(95)   Se Pedro tivesse saído, Maria o teria encontrado.

Além disso, a contrafactualidade pode surgir através de uma informação necessariamente contextual e, portanto, pragmática. A frase (96), apesar de estar toda no indicativo, funciona como um contrafactivo.

(96)   Se Pedro é inteligente, eu sou a Branca de Neve.

No entanto, nesses casos, a contrafactualidade decorre da falsidade do consequente: só podemos concluir que Pedro não é inteligente se soubermos que eu não sou a Branca de Neve. Mas esse é um exemplo clássico do *modus tollens*.

> O *modus tollens* é uma forma de inferência válida cujas premissas são um condicional e a negação do seu consequente; delas se infere a negação do antecedente do condicional. O *modus tollens* pode ser esquematicamente representado da seguinte maneira:
>
> Se A, então B.
>
> Não é verdade que B.
> ___
> Não é verdade que A.

4.8 Interrogativa

Finalmente, o último tipo de frase que costuma ser apontada como acionadora de pressuposição é o das interrogativas, tanto as polares (que demandam uma resposta de tipo sim/não) quanto as de instanciação (que exigem uma resposta identificadora, também chamadas de interrogativas-qu porque são constituídas pelos chamados pronomes interrogativos, que geralmente começam com essas letras).

Uma interrogativa polar como (97) pressuporia (98).

(97) Pedro saiu?

(98) Ou Pedro saiu, ou Pedro não saiu.

Já uma interrogativa de instanciação como (99) teria como pressuposição a frase (100).

(99) Quem saiu?

(100) Alguém saiu.

Como com os condicionais contrafactuais, as interrogativas também oferecem algumas dificuldades em relação ao teste da família-P.

Quanto às interrogativas polares (97), é trivial que só haja as duas alternativas especificadas em (98), e o mesmo vale para a sua versão negativa (e nas respectivas declarativas afirmativas e negativas). Mas essa parece ser antes uma propriedade do próprio procedimento geral de interpretação, e não apenas das interrogativas polares.

Já as interrogativas de instanciação, não apresentam contraparte declarativa (sem a interrogação, elas só podem aparecer em contextos específicos de subordinação, como em "Pedro sabe quem saiu"). Também não é possível embuti-las no antecedente de um condicional. Mas o pior é que a versão negativa de (99), em (101), não só não acarreta (100) como leva à conclusão inversa: é preciso achar que alguém não saiu; além disso, a versão com "não é verdade que" (102) é completamente agramatical.

(101) Quem não saiu?
(102) *Não é verdade que quem saiu?

Agora que terminamos de ver como as pressuposições são acionadas, podemos passar para a observação da sua manutenção.

5. PROJEÇÃO DAS PRESSUPOSIÇÕES

A primeira hipótese sobre as pressuposições foi a de que frases, quando compostas por outras frases que apresentam pressuposição, herdariam essa pressuposição. Isso decorre da observação de que as frases da família-P envolvem alguma operação sintática na qual a pressuposição é herdada.

Dessa maneira, como a frase (103) é composta pela conjunção das frases (104) e (106), e como (104) pressupõe (105), enquanto (106) pressupõe (107), ela herda ambas as pressuposições; ou seja, (103) pressupõe tudo o que as frases que a compõem já pressupunham.

(103) Foi o Mário quem comeu o bolo e Maria sabe que Pedro saiu.
(104) Foi o Mário quem comeu o bolo.
(105) Alguém comeu o bolo.
(106) Maria sabe que Pedro saiu.
(107) Pedro saiu.

Mas ainda nos anos 1970, Karttunen (1973) descobriu que nem todas as construções linguísticas permitiam essa herança incondicional, que ele chamou de **furos** (*holes*). Karttunen observou que algumas construções bloqueiam completamente as pressuposições, como (108), que não pressupõe (107); essas construções que bloqueiam completamente as pressuposições foram chamadas de **rolhas** (*plugs*).

Finalmente, algumas construções deixam passar as pressuposições em certas condições (109), mas bloqueiam em outras (110); ele chamou essas construções de **filtros** (*filters*).

(108) Antônio sonhou que Maria sabe que Pedro saiu.
(109) Foi o Mário quem comeu o bolo ou foi o Pedro.
(110) Foi o Mário quem comeu o bolo ou ninguém comeu.

Em (109), temos (105) como pressuposição de cada uma das partes da disjunção; como nenhuma dessas partes contesta essa pressuposição, ela é herdada pela frase (109). Já em (110), (105) é pressuposição apenas da primeira frase da disjunção e é contestada pela segunda frase; essa contestação causa a anulação da pressuposição, que não é herdada pela frase (110).

6. EFEITOS DISCURSIVOS DA PRESSUPOSIÇÃO

Dentro da concepção pragmática, a pressuposição pode ser vista, por exemplo, através de alguns efeitos discursivos interessantes.

Quando contestamos uma alegação (por exemplo, a de que o rei da França seja careca, como no exemplo (5), do capítulo "Referência", através de sua negação (7)), poderíamos justificar a contestação seja em relação àquilo que foi asserido, seja em relação àquilo que é pressuposto, mas em cada um dos casos obtemos um efeito diferente.

Uma frase como (111), na qual se justifica a negação pela contestação de pressuposição de existência, não é entendida como redundante; já uma frase como (112), na qual a justificativa da contestação incide sobre a asserção da propriedade de 'ser careca', soa completamente redundante (e, portanto, não funciona como uma boa justificativa): é claro que, se o rei da França não é careca, ele só pode não ser careca, e isso não explica porque ele não é careca, nem porque o falante acha que ele não é careca. Mas sua inexistência é uma boa justificativa para ele não ser careca (assim como para ele não ser cabeludo e nem tampouco usar peruca).

(111) O rei da França não é careca porque não existe rei da França.
(112) #O rei da França não é careca porque ele não é careca.

Contudo, ao contrário do que acontece com a pressuposição referencial (também chamada de pressuposição de existência), esse efeito discursivo não ocorre quando a pressuposição é proposicional. Assim, tanto a frase (113), na qual se justifica a contestação da pressuposição de que Fernando fumava, quanto a frase (114), na qual a justificação da contestação incide sobre a asserção de que Fernando não fuma, não

> Estamos usando aqui o símbolo "#" para representar o efeito de estranhamento que essas frases causam nos interlocutores, e que não é o mesmo da agramaticalidade ("*"), para Kenedy e Othero (2018: 23); esse uso é igual ao de Gomes e Mendes (2018: 19).

apresentam qualquer anomalia: efetivamente, não fumar é evidência suficiente para justificar a crença de que Fernando parou de fumar.

(113) Fernando não parou de fumar porque ele não fumava.
(114) Fernando não parou de fumar porque ele fuma.

O interessante a observar sobre os exemplos (111) e (113) é que eles só são possíveis porque essas frases são negações. Suas contrapartes afirmativas – (115) e (116) – são claramente anômalas e não constituem boas justificativas para o rei da França ser careca, nem para Fernando ter parado de fumar.

(115) #O rei da França é careca porque não existe rei da França.
(116) #Fernando parou de fumar porque ele não fumava.

Dessa observação se conclui que o efeito da negação sobre a pressuposição deve decorrer antes da sua função discursiva, e não apenas da sua interpretação semântica.

Dentre os dois efeitos discursivos mais discutidos na literatura sobre a pressuposição estão a acomodação e o cancelamento. Vejamos cada um deles.

6.1 Acomodação

Uma consequência da definição de pressuposição (ver seção "Acarretamento x pressuposição", neste mesmo capítulo) é que as pressuposições já devem fazer parte do fundo conversacional; ou seja, só poderíamos dizer apropriadamente (16) em situações em que soubéssemos (22) – repetidas adiante respectivamente como (117) e (118). Caso a informação pressuposta ainda não faça parte desse fundo conversacional, o procedimento regular (caso o interlocutor não tenha motivos para desconfiar que o falante não esteja agindo cooperativamente; cf. subseção "O princípio da cooperação e as máximas", no capítulo "Implicaturas") seria acrescentar essa informação ao fundo conversacional, da mesma maneira como seria feito com a informação asserida. O filósofo americano Lewis (1979) foi o primeiro a identificar explicitamente esse fenômeno, e o chamou de **acomodação**.

(117) Foi o Mário quem comeu o bolo.
(118) Alguém comeu o bolo.

Chierchia (2013: 190) sugere o seguinte exemplo de acomodação: duas pessoas estão conversando sobre as dificuldades de deslocamento devido a engarrafamentos de trânsito, mas nenhuma delas sabe se a outra tem carro; se uma delas dissesse (119), a outra não teria muito problema para inferir que a pessoa que disse (119) dispõe de um carro.

(119) Hoje, deixei meu carro em casa.

Não havendo nenhuma controvérsia na enunciação de (119), nem havendo qualquer motivo para desconfiar que a sua enunciação não é mentirosa, o interlocutor "acomoda" essa nova informação como se ela estivesse sendo asserida, e não pressuposta.

Por outro lado, a asserção de (120) dificilmente poderia ser acomodada, já que um interlocutor a consideraria completamente implausível, pois a probabilidade de que eu possua um iate de 500 pés é muito remota, ao contrário de possuir um carro.

(120) Hoje, deixei meu iate de 500 pés em casa.

6.2 Cancelamento

O **cancelamento** da pressuposição já pode ser percebido no contraste entre os exemplos (111) e (112). A pressuposição referencial da existência do rei da França, em (111), pode ser negada sem causar qualquer anomalia, ao contrário da negação daquilo que é asserido, como em (121), que leva a uma contradição.

(121) O rei da França não é careca porque ele é careca.

Ou seja, contrariamente à informação asserida, que, se for negada, gera contradição, a negação da informação pressuposta não só não produz qualquer contradição como ainda promove a remoção dessa informação do fundo conversacional.

Mas o conceito de cancelamento não abrange apenas a remoção de informação, ele pode também envolver sua mudança de categoria. Uma informação pressuposta pode, depois, ser asserida, como no exemplo (122), fazendo com que a pressuposição referencial da existência dos filhos de João se torne uma asserção da existência desses filhos.

> Esse raciocínio supõe a crença de que a informação pressuposta e informação asserida são mutuamente excludentes (se é pressuposição, não é asserção; se é asserção não pode ser pressuposição); para uma opinião contrária a esta, ver Levinson (2007: 250).

PARA CONHECER Pragmática

(122) Todos os filhos de João são solteiros, e João tem filhos.

Como as implicaturas (ver capítulo "Implicaturas") também apresentam a propriedade do cancelamento (ou **anulabilidade**, como Levinson (2007: 141) também chama esse conceito), é importante destacar as diferenças de cancelamento entre a pressuposição e a implicatura. Levinson (2007: 143) observa, através dos exemplos (123) e (124), que as implicaturas podem ser negadas sem gerar contradição, como com as pressuposições.

(123) João tem três filhos; na verdade, tem dez.
(124) João tem três filhos, e talvez mais.

A implicatura cancelada nos exemplos (123) e (124) é expressa pela frase (125).

(125) João tem apenas três filhos.

No entanto, uma diferença importante entre os cancelamentos é que o da pressuposição só parece ser possível em contextos negados, enquanto o da implicatura não apresenta essa mesma restrição: as frases (123) e (124) não incluem nenhuma negação. Observando a família-P listada nas frases (126)-(129), constata-se que a sua pressuposição é (130), e não (125) – efetivamente, (130) é pressuposição inclusive de (125).

> Como o cancelamento aqui é discutido pela negação, é difícil avaliar o seu funcionamento em (128) e (129), porque essas frases envolvem modalidades: respectivamente, erotética e a hipotética.

(126) Três filhos de João são solteiros.
(127) Três filhos de João não são solteiros.
(128) Três filhos de João são solteiros?
(129) Se três filhos de João são solteiros, ele tem direito a mais desconto do que o Antônio.
(130) João tem filho.

Ao contrário da implicatura, a pressuposição (130) só pode ser cancelada (com o acréscimo de "porque ele não tem filho", por exemplo) a partir de (127), e não de (126).

Para encerrar este capítulo, vamos falar um pouco mais sobre a complexidade para testarmos a pressuposição, já mencionada algumas vezes.

7. DIFICULDADE PARA TESTAR A PRESSUPOSIÇÃO

Em seu livro sobre pressuposição, Ducrot (1978: 95) alega que (131) pressupõe (132), enquanto assevera apenas (133).

(131) Só Maria veio.
(132) Maria veio.
(133) Nenhuma pessoa, além de Maria, veio.

No entanto, essa análise esbarra em, pelo menos, duas dificuldades.

A primeira está associada ao fato de que o teste da negação não pode ser aplicado indiscriminadamente. A negação tradicional do português com o advérbio "não" antes do predicado, como em (134), não mantém a inferência (132); na verdade, ele a nega: a inferência passa a ser (135).

(134) Só Maria não veio.
(135) Maria não veio.

A versão de negação que mantém a inferência (132) é (136), que é mais marcada. Essa constatação reafirma a dificuldade de conceber a pressuposição como um fenômeno exclusivamente semântico, já que expressões diferentes de negação apresentam resultados distintos no que diz respeito à manutenção da pressuposição.

(136) Não é verdade que só Maria veio.

Além disso, uma segunda questão também afeta a análise de Ducrot. A frase (133), que ele aponta como sendo a asseveração de (131), apresenta como consequência a frase (132), justamente aquilo que Ducrot alega que seria a pressuposição de (131); ou seja, (131) assevera aquilo que ela pressupõe. Apagar completamente qualquer referência à vinda de Maria inviabiliza qualquer paráfrase para aquilo que é asseverado em (131), como se pode constar em (137); uma referência explícita até pode ser evitada, como na frase (138), mas a interpretação da própria expressão "outra" demanda que o contexto disponha da informação de que alguma pessoa tenha vindo, e isso junto com a informação pressuposta de que a Maria veio leva à conclusão de que essa pessoa que veio é a Maria. Ou seja, estaríamos novamente asseverando aquilo que foi pressuposto.

(137) Nenhuma pessoa veio.
(138) Nenhuma outra pessoa veio.

A observação dessa dificuldade para identificar a pressuposição aponta para o fato de que a sua natureza ainda não está completamente compreendida. A controvérsia sobre a pressuposição ser um fenômeno semântico ou

> Além da comparação evidente com as implicaturas, alguns autores (Bonomi, 1977; Chierchia, 1995; Krahmer (1998) e Kripke (2009), por exemplo) sugeriram que a pressuposição pudesse apresentar um comportamento semelhante ao da anáfora.

pragmático (e a própria controvérsia sobre as fronteiras entre a Semântica e a Pragmática) reafirma essa dificuldade, mas, mesmo para aqueles que acreditam que a pressuposição seja um fenômeno pragmático (como parecem indicar os indícios levantados aqui), ainda resta determinar se ela é um caso particular de implicatura (e, nesse caso, de que tipo: convencional, conversacional generalizada ou conversacional particularizada?) ou se é um fenômeno pragmático diferente. A determinação da pressuposição depende do estabelecimento de distinções claras entre o que é expressamente dito e aquilo que é implicitamente sugerido (por exemplo, da identificação precisa de que parte da enunciação é locucionária, que parte é ilocucionária e qual parte é perlocucionária; ver capítulo "Atos de fala"), e isso depende de um modelo muito complexo do funcionamento da língua, que demanda a operação de uma quantidade de informações que os paradigmas teóricos vigentes ainda não estão aptos a tratar.

Encerramos aqui a apresentação de uma questão que se constitui num dos pontos centrais nos estudos modernos sobre o significado. Identificado por Frege em 1892 como uma parte da significação que "escapa" das condições de verdade, a pressuposição continua sendo um assunto que ainda não parece ter sido completamente compreendido, oferecendo muitas oportunidades de investigação para os pesquisadores que se interessem pelo assunto.

Leituras sugeridas

Como sugestão de leitura, os interessados podem começar pelos seguintes textos, mais curtos e em português: "Pragmática", de Stalnaker (1982); "Pressuposição", de Koch (1999, cap. 2); "A pressuposição", de Levinson (2007, pp. 209-286); "Pressupor" e "Pressuposições", de Chierchia (2013, pp. 184-192; pp. 541-591); e "Pressuposição", de Gomes e Mendes (2018, pp. 34-40).

O primeiro texto é um clássico da Filosofia Analítica, onde Stalnaker sugere algumas fronteiras entre a Semântica e a Pragmática, defendendo a ideia de que a pressuposição é um fenômeno pragmático. Os outros textos são todos capítulos ou seções de livros importantes na Semântica e na Pragmática.

Caso o leitor tenha interesse em textos mais longos, ainda em português, sugerimos alguns livros e algumas teses: *Teoria semântica*, de Kempson (1980, em especial a seção 9.2); *O dizer e o dito*, de Ducrot (1987); *Pressuposição, representação lexical e ciência cognitiva*, de Pagani (1996); *Significação e contexto*, de Moura (2000); *Pressuposição radicalmente pragmática*, de Goldnadel (2004); e *Convenção ou conversação: evidências para a determinação da natureza do fenômeno pressuposicional*, de Oliveira (2015).

Os dois primeiros itens e o quarto são livros que abordam a pressuposição em algum momento. Os outros três são teses de doutorado que abordam integralmente o tema da pressuposição.

Para os leitores que também leem em inglês, as sugestões de textos curtos são os seguintes: "A Presuppositional Analysis of Only and Even", de Horn (1969), e "Presupposition and Implicature", de Horn (1996); "Pragmatic Presupposition", de Stalnaker (1974); "Scorekeeping in a Language Game", de Lewis (1979); "Presupposition", de Atlas (2004); e o verbete "Presupposition", da *Stanford Encyclopedia of Philosophy* (https://plato.stanford.edu/entries/presupposition/).

São todos textos escritos por grandes pesquisadores que, em algum momento, refletiram sobre a pressuposição.

Finalmente, a indicação de livros em inglês é a seguinte: *On the Semantic Properties of Logical Operators in English*, de Horn (1972); *Pragmatics: Implicature, Presupposition and Logical Form*, de Gazdar (1979); e *The Limits to Debate: A Revised Theory of Semantic Presupposition*, de Burton-Roberts (1989).

Todos são resultado de teses de doutorado. O de Horn é um dos precursores na Linguística. O de Gazdar é onde pela primeira vez se sugere uma interação da pressuposição com implicaturas. E o de Burton-Roberts discute uma questão técnica importante relacionada ao fato de que a definição clássica de pressuposição afeta a semântica de condições de verdade, em que as frases só poderiam ser ou bem verdadeiras, ou bem falsas.

Exercícios

1. Imagine que alguém diga a você "Feche a porta", apontando para uma porta que já esteja fechada. Essa enunciação inadequada se relaciona com o fenômeno da pressuposição? Justifique sua resposta. Que dificuldade existe para testar aqui a pressuposição?

2. As sentenças a seguir apresentam a mesma pressuposição?
   a. Pedro sabe que Maria saiu.
   b. Pedro sabe se Maria saiu.
   Que hipóteses podem ser levantadas para explicar o comportamento pressuposicional dessas sentenças?

3. Que relações as frases (a) e (b) apresentam com a frase (c)? Justifique sua resposta.
   a. Daniel foi quem comprou uma bola.
   b. Daniel comprou uma bola.
   c. Alguém comprou uma bola.

4. Qual seria a reação esperada de um interlocutor que não tenha nenhuma irmã ao ouvir a frase (a)? Por que a acomodação não pode ocorrer nesse caso?
   a. Sua irmã saiu.

5. O que ocorre na frase (a)? Justifique sua resposta.
   a. Eu perdi todo o meu dinheiro, mas eu não tinha nenhum.

IMPLICATURAS

Objetivos do capítulo

◌ Apresentar a caracterização das implicaturas tal como concebida por H. P. Grice.
◌ Apresentar os tipos de implicaturas e suas características.
◌ Discutir dois tratamentos teóricos contemporâneos das implicaturas: a abordagem neogriceana e a Teoria da Relevância.

A linguagem não é um objeto de investigação científica que se oferece objetivamente para ser estudado, ainda mais quando se trata do estudo do significado. Se a comunicação humana fosse simplesmente uma troca de informações em que cada expressão designasse exatamente um e apenas um significado de forma precisa e constante, os linguistas teriam pouco trabalho e conversar seria uma chatice, pois nossas interações seriam uma sucessão de perguntas e respostas que só acabaria quando aquele que iniciou a conversa estivesse de posse de todas as

> **As funções da linguagem segundo Roman Jakobson**
>
> A função referencial é o que estamos chamando de função informativa.
>
> - Função referencial
> - Função poética
> - Função conativa (ou de contato)
> - Função emotiva
> - Função metalinguística

informações de que necessitasse. Nas nossas trocas diárias, usamos muitas expressões vagas, com duplos sentidos, subdeterminadas, altamente dependentes da situação em que são utilizadas (caso dos dêiticos, discutidos no capítulo "Referência") e com uma série de implícitos, ou seja, conteúdos adicionais aos que estão na superfície linguística. E não esqueçamos que informar é apenas uma dentre as diversas funções que a linguagem tem.

Claro que trocar informação é importante nas nossas interações cotidianas: quando perguntamos *onde está a chave do carro?*, esperamos que nosso interlocutor nos responda objetivamente, informando sobre o paradeiro da chave. Contudo, também sabemos que uma simples pergunta como essa pode, dada uma situação particular, significar mais coisas. Suponha que um pai tenha dado a chave para sua filha guardar e, na hora que precisa dela, a chave não está onde deveria estar, pendurada no porta-chaves. Pelo tom da voz, o pai pode veicular, além de uma interrogativa, uma reprimenda. Por sua vez, podemos imaginar que, ao ser interrogada, a esposa responda, ironicamente, com algo como *no meu bolso não está, o* que, além de informar que a chave não está no seu bolso, também levará o pai a concluir que ela não sabe do paradeiro da chave. Pense também em figuras de linguagem – como a ironia, a metáfora, a metonímia, litotes etc. – e em todas as outras formas de transmitir significados que vão além do que está expresso no que é dito literalmente. De modo bastante simplificado, diremos que há pelo menos dois tipos de conteúdo: a) um constante e convencional, que chamamos de "literal"; e b) outro que depende de situações de enunciação e intenções, que precisa ser inferido conversacionalmente.

Esquematicamente, considerando as frases em (1), podemos fazer uma separação entre (i) conteúdo semântico dessas sentenças, parafraseados ou tornados mais explícitos em (1'), e (ii) o conteúdo conversacional, que está explicitado em (1") e é inferido a partir do conteúdo semântico e dos elementos contextuais. Também para efeitos descritivos, digamos que o que os falantes comunicam com o proferimento de (1) seja a soma de (1') e (1").

(1)   A: Onde está a chave do carro? [Linguagem]
        B: No meu bolso não está.
(1')   A: Qual é o lugar x tal que a chave está em x? [Conteúdo semântico]
        B: É falso que a chave está no bolso do falante em t.
(1")   A: Eu não sei o paradeiro da chave e espero que o ouvinte saiba. [Conteúdo Conversacional]
        B: Não sei onde está a chave.

Separar o que é conteúdo literal e o que é um tipo de conteúdo que inferimos a partir da superfície linguística não é nada fácil. Nosso conhecimento de certas situações sociais mais ou menos ritualizadas nos permitem prever o comportamento linguístico dos falantes nessas situações. Além disso, o nosso conhecimento de mundo nos ajuda a interpretar vocábulos e a inferir significados. Esse significado conversacional, inferido a partir de proferimentos e que vai além do que é literalmente dito, é que tem sido chamado de **implicatura**.

O pensador que cunhou o conceito de implicatura e contribuiu decisivamente para tornar o fenômeno um objeto de estudo sistemático na Filosofia da Linguagem e na Linguística foi o filósofo britânico Paul H. Grice (1913-1988). Em 1967 (mas publicado originalmente apenas em 1975), ele apresentou um texto que revolucionou a área, embora fosse essencialmente programático, com o título traduzido de "Lógica e conversação" (edição em português de 1982).

Na primeira parte deste capítulo, trataremos de algumas das ideias contidas nesse texto, especialmente o princípio da cooperação e as máximas conversacionais. Na segunda parte, vamos tratar dos desenvolvimentos teóricos. Alguns linguistas e filósofos contemporâneos que têm sido chamados de neogriceanos se dedicaram a repensar as ideias propostas por Grice, ampliando os casos originais pensados por ele ou remodelando o seu sistema. Outros autores se distanciaram da análise griceana original, criando uma abordagem particular conhecida como Teoria da Relevância, que assume a relevância como um princípio simultaneamente cognitivo e comunicativo.

1. A CARACTERIZAÇÃO DAS IMPLICATURAS EM GRICE

1.1 O princípio da cooperação e as máximas

No uso cotidiano, a palavra *significar* expressa muitas coisas. Ao afirmarmos (2a-b), associamos um evento natural no mundo a um significado particular, isto é, atribuímos um caráter simbólico a uma situação que não é por si só simbólica. Por outro lado, em casos como (3), usamos o verbo *significar* como "ao dizer p, o falante quer/quis dizer q", e há um elemento intencional que falta aos exemplos em (2). Nesse sentido, não podemos supor que as pintas tenham a intenção de estabelecer uma conexão entre si e a doença da qual são sintomas, enquanto em (3a) podemos supor que o significado do proferimento de *eu estou morto de fome* é feito com a intenção de indicar ao ouvinte que o falante está com muita fome.

(2) a. Essas pintas <u>significam</u> sarampo.

b. Essas nuvens <u>significam</u> chuva.

(3) a. *Eu estou morto de fome* significa que "eu estou com muita fome".

b. *La nuit tous les chats sont gris* significa "à noite todos os gatos são pardos".

c. *Inefável* significa "o que não pode se exprimir por palavras".

Grice chamou o primeiro fenômeno de **significado natural** e o segundo de **significado não natural**. Este último é objeto de investigação linguística, pois a sua correta interpretação depende de apreendermos corretamente as intenções do nosso interlocutor e decodificarmos o significado convencionalmente associado àquele conjunto de signos dentro da comunidade linguística.

Ao tratar do significado não natural em "Lógica e conversação", H. P. Grice traz o exemplo de uma carta de recomendação escrita por um ex-orientador, que está recomendando seu pupilo para uma vaga de professor universitário. Adaptando o exemplo do autor, a carta está redigida nos seguintes termos:

(4) Caro Sr. X,

Declaro que o Sr. João da Silva foi um excelente aluno. Além de ter uma caligrafia lindíssima, nunca foi preso.

Sem mais, coloco-me à disposição.

Prof. Dr. Pedro

O leitor há de convir que esse tipo de carta de recomendação não vai ajudar muito o candidato João. Podemos inclusive supor que o efeito será o oposto. Nas cartas de recomendação, esperamos que se enumerem as qualidades do indivíduo. Isso é feito aqui, certamente, pois o professor Pedro afirma que o Sr. João era um excelente aluno, tinha uma caligrafia lindíssima e não era um criminoso. Mas há algo importante: o que a carta

> Há tipos de inferência, como os acarretamentos, que são semânticos. Um acarretamento é uma inferência não cancelável e inescapável, dada a verdade de uma sentença qualquer. Por exemplo, da sentença *João comeu uma maçã*, decorre a verdade de *João comeu uma fruta*. Os raciocínios lógicos, como os silogismos, também são inferências. Da verdade das premissas, inferimos a verdade da conclusão:
> Premissa 1: Todos os homens são mortais.
> Premissa 2: Sócrates é homem.
> Conclusão: Sócrates é mortal.
> A diferença crucial para as implicaturas é que os acarretamentos não dependem de fatores contextuais ou intenções.

deixa de mencionar. Nesse caso são as qualidades de docente do Sr. João. Podemos concluir que se o professor se esquivou de mencioná-las é porque o Sr. João não as tem. Além disso, note que, das qualidades listadas, talvez apenas a boa caligrafia possa ser encarada como uma qualidade para o exercício docente, embora não seja determinante. Mas como chegamos a essa conclusão, mesmo não havendo nada desabonador dito explicitamente na carta? Um dos pilares da visão griceana de pragmática é que quando os falantes deixam coisas implícitas nos seus discursos, esperam que os ouvintes sejam capazes de fazer a inferência adequada.

Agora faremos uma distinção importante: (i) o conteúdo da carta, as características positivas listadas, é aquilo que é **dito**, e (ii) o que não é dito, mas pode ser inferido, é **implicado**. Trata-se de um tipo particular de inferência, de extração de informação do material linguístico que recebemos, e ao qual damos o nome de **implicatura**. Podemos então dizer que a inferência de que o Sr. João não é um bom professor é uma implicatura, pois depende não apenas do dito, mas também de o ouvinte inferir qual foi a intenção do falante ao dizer o que disse.

O que explica nossa capacidade de inferirmos esse tipo de significado que não está expresso na superfície do material linguístico? Uma chave para essa resposta está num processo inferencial específico guiado pelo chamado princípio da cooperação e por quatro máximas, que foram propostos por Grice (1982). Vejamos a sua formulação.

• *Princípio da cooperação*

Faça sua contribuição conversacional tal como é requerida, no momento em que ocorre, pelo propósito ou direção do intercâmbio conversacional em que você está engajado (1982: 86).

• *Máximas conversacionais* (1982: 87)

– Quantidade:
  1. Faça com que sua contribuição seja tão informativa quanto o que foi requerido.
  2. Não faça sua contribuição mais informativa do que é requerido.
– Qualidade:
  1. Não diga o que você acredita ser falso.
  2. Não diga senão aquilo para o que você possa oferecer evidência adequada.

PARA CONHECER **Pragmática**

– Relação:
  Seja relevante
– Modo
  1. Evite obscuridade
     de expressão.
  2. Evite ambiguidades.
  3. Seja breve.
  4. Seja ordenado.

> Para uma apresentação da disciplina de Semântica a partir de uma abordagem referencial, como parte desta mesma coleção *Para conhecer*, consulte o volume *Semântica*, de autoria de Quadros Gomes e Sanchez Mendes (2018) e referências lá citadas.

O princípio e as máximas não podem ser tomados como camisas de força, mas como dispositivos heurísticos, isto é, como ferramentas de análise que nos ajudam a compreender a conversação e o comportamento racional dos interlocutores. É desse poder explicativo (e mesmo dos seus limites) que advém sua força. Veja que o princípio e as máximas pressupõem uma semântica de condições de verdade, e é dessa perspectiva que nos alimentaremos ao longo do capítulo.

Além disso, Grice sugere que agir cooperativamente seja parte importante do comportamento humano. Se te peço para me alcançar um copo de água, espero que você o faça tão logo quanto possível e me entregue água, e não qualquer outra coisa. Quando estamos conversando, falamos a verdade e supomos que nosso interlocutor também esteja falando. Agir de outra forma, não cooperar e mentir, são comportamentos custosos e que geram situações conflituosas quando ocorrem.

Idealmente, o falante tem dois caminhos: ou ele segue as máximas ou se afasta delas. Numa situação de interrogatório policial, se você for uma testemunha, tudo que você disser será útil na investigação, portanto, embora você possa ser responsabilizado criminalmente se fizer alguma afirmação falsa, nossa tendência é informar tudo o que sabemos. Por outro lado, nas condições de suspeito ou acusado, nossa tendência é não contar nada. Temos o direito de permanecer calados e simplesmente não cooperar.

Veja que se A pergunta algo como (5), o ouvinte tem duas opções, em teoria. Responder com sim ou com não. Se responder afirmativamente, produz provas contra si ao admitir a culpa. Se responde negativamente, pode ser acusado de mentir, caso seja o autor do crime. Uma saída para o acusado, caso seja culpado, é ficar em silêncio. Isto é, não cooperar.

(5)   A: Você roubou essa bicicleta?

Isso exposto, vejamos então exemplos de situações em que o falante pode seguir as máximas ou não e os tipos de implicaturas que surgem com cada máxima nesses casos.

1.2 Aplicando a exemplos

Como dissemos, há dois grupos de implicaturas: aquelas que surgem porque o falante ignorou alguma das máximas e aquelas que surgem justamente porque ele as está seguindo. Ambas são interessantes e geram importantes questões de pesquisa. Vamos mostrar como a exploração (isto é, a violação) de uma máxima (ou submáxima) pode gerar implicaturas, ou como somos levados a uma implicatura sem violação aparente de qualquer uma delas.

• *Máxima da qualidade*

A máxima da qualidade pode ser resumida em "dizer a verdade". Nos comportamos como se houvesse um acordo tácito em que todos dizem a verdade o tempo todo, afinal, mentir é custoso e pode ter consequências adversas. Veja que a mentira só funciona se acreditarmos

> O filme *O primeiro mentiroso* (Ricky Gervais, 2009) é uma comédia que explora esse acordo tácito de falarmos a verdade. Ele parte de um mundo em que todos falam a verdade o tempo todo, mas há um exagero: todo mundo fala o que pensa. As coisas mudam quando o protagonista descobre que pode mentir.

que nosso interlocutor está falando a verdade, mesmo que algum momento depois venhamos a descobrir que ele estava mentindo. Assim, é de se supor que seja difícil encontrar exemplos de implicaturas que surgem porque essa máxima é seguida, os casos mais discutidos na literatura envolvem sua violação.

Os exemplos mais claros de violação dessa máxima são as metáforas e ironias. A metáfora típica é uma falsidade categorial. Em (6a), ao se declarar de Carlos que ele é um touro, estamos fazendo uma afirmação falsa (supondo que ele seja um ser humano). Daí surge a inferência de que ele tem alguma propriedade em comum com os touros (é forte, é resistente a trabalhos pesados etc.). O mesmo acontece em (6b): Maria é uma mulher, não uma planta, portanto inferimos que ela compartilha com as flores do campo algumas propriedades (é delicada, bela, cheirosa etc.). No exemplo (6c), o atacante da seleção brasileira na Copa do Mundo de Futebol em 2014 foi Fred, que acabou sendo apelidado de *cone* durante a competição porque se movimentava pouco (o jogador marcou apenas um gol em seis jogos).

(6) a. Carlos é um touro no serviço.
b. Maria é uma flor do campo.
c. Fred foi um cone na Copa de 2014.

As metáforas são uma das principais estratégias linguísticas de ampliação de sentidos dos vocábulos. Nesse processo, muitas delas perdem seu colorido inicial e "morrem", por assim dizer. Note como o futebol se vale de muitas metáforas bélicas: *o time **lutou** até o final, fulano é o **artilheiro** da equipe, a equipe não conseguiu passar pela **defesa** do adversário, o camisa 10 é quem **municia** o ataque, fulano soltou um **petardo/tiro/canhão** na direção do goleiro.* Quando isso acontece, deixamos de perceber o caráter metafórico dessas expressões e o significado figurado se lexicaliza ou se convenciona, e nem percebemos mais que estamos diante de uma metáfora.

No caso das ironias, há também um nível de conhecimento compartilhado entre os interlocutores. Em outros termos, digamos que seja preciso que os falantes tenham o mesmo modelo de mundo ou que o ouvinte saiba qual é o modelo de mundo que o falante tem. Assim, suponha que A e B se conhecem, e A sabe que B não tem admiração nenhuma pelo político Y. Assim, A certamente interpretará a fala de B em (7) como uma falsidade, pois ele sabe que B não acredita no que acaba de dizer. Costumamos também usar outras pistas para atingir a interpretação adequada, como a entonação do enunciado, ou mesmo elementos paralinguísticos, como a expressão facial. Por fim, muitas ironias também parecem ser citações, isto é, o proferimento de (7) por B poderia ter sido a retomada da sentença que foi proferida anteriormente por A. Quer dizer, B estaria mencionando, e não usando a sentença que profere.

(7) B: Y é o melhor governador que esse estado já viu.
+> B não acredita que Y é o melhor governador que esse estado já viu.

Usaremos a convenção de introduzir implicaturas com o símbolo "+>". Lemos (7) da seguinte forma: o proferimento do falante B, *Y é o melhor governador que esse estado já viu*, produz a implicatura "B não acredita que Y é o melhor governador que esse estado já viu".

As hipérboles são outro exemplo típico de enunciados claramente falsos. Imagine que A e B têm um amigo em comum, João, que é famoso por demorar em responder mensagens e e-mails. B conta a A que enviou a João um convite para ele ir jantar na sua casa e que ainda não teve resposta. Então A replica (8a). Ela é uma hipérbole porque, embora A esteja falando sobre o futuro, o que de fato A quer que B entenda é que, dado o que se sabe, o amigo em comum vai demorar para responder. Por sua vez, em (8b) temos uma sentença que é falsa, o falante não está morrendo de fome, apenas quer dar a entender que está com muita fome.

(8) a. A: Ele vai demorar um mês pra responder a tua mensagem.
     +> Ele vai demorar muito tempo pra responder a tua mensagem.
   b. Estou morrendo de fome.
     +> Estou com muita fome.

A grande questão que o modelo griceano quer responder é como esse processo acontece, e por isso vamos agora articular mais detalhadamente como as inferências são calculadas levando-se em conta o princípio de cooperação e as máximas. Suponhamos que os interlocutores também saibam o seguinte:

(9) a. O significado convencional da sentença P que foi proferida.
   b. O princípio da cooperação e as máximas.
   c. O contexto em que P é proferida.
   d. Certas informações compartilhadas (o *background* ou fundo conversacional).
   e. Falante e ouvinte compartilham o conhecimento de (a-d).

> O *fundo conversacional* pode ser concebido como aquele conjunto de informações gerais que falante e ouvinte compartilham.

Assim, o cálculo da inferência se daria da seguinte forma:

(10) a. O falante proferiu P;
    b. O falante não deixou nenhuma pista de que não esteja seguindo o princípio e as máximas;
    c. O falante não diria P a menos que acredite que Q;
    d. O falante acredita que o ouvinte é capaz de concluir Q;
    e. O falante não deixou nenhuma pista de que não acredita em Q;
    f. O falante espera que o ouvinte pense que Q;
    g. Logo, o falante implicou Q.

Apliquemos esse raciocínio a um dos exemplos anteriores, digamos, na metáfora, como em (6a):

(11) a. O falante proferiu *Carlos é um touro no serviço.*

  b. O falante não deixou nenhuma pista de que não esteja seguindo o princípio e as máximas;

  c. O falante não diria *Carlos é um touro no serviço* a menos que acredite que Carlos é muito trabalhador, afinal, o proferimento é categorialmente falso;

  d. O falante acredita que o ouvinte é capaz de concluir que Carlos é muito trabalhador;

  e. O falante não deixou nenhuma pista de que não acredita que Carlos é muito trabalhador;

  f. O falante espera que o ouvinte pense que Carlos é muito trabalhador;

  g. Logo, o falante implicou que Carlos é muito trabalhador.

Em todos os casos, há um raciocínio mais ou menos assim: A falou uma coisa que é claramente falsa, e A sabe que o ouvinte sabe que o que ele falou é falso; porém, A é cooperativo e, portanto, ele quer dizer algo além do que está apenas nas palavras usadas – esse algo além, que o ouvinte infere, é a implicatura, e a existência da implicatura garante que A está, sim, sendo cooperativo, não porque segue as máximas à risca, mas porque as explora para dizer algo mais. Esse é o caso das figuras de linguagem anteriores. O falante profere uma sentença falsa e espera que o ouvinte seja capaz de perceber isso (diferentemente da mentira, em que o falante profere algo falso e espera que o ouvinte trate a sentença como verdadeira). Esse aspecto é fundamental, pois é o que permite ao ouvinte calcular o significado adicional, a implicatura, a partir da assunção de que, embora viole a máxima da qualidade, o falante está sendo cooperativo e, portanto, querendo comunicar algo além do que está dito na superfície linguística. Para este capítulo, podemos ter em mente um esquema interpretativo mais simplificado do que (10):

(12) a. O falante proferiu P.

  b. Considerando os propósitos da interação, o falante estaria violando o princípio da cooperação e as máximas a menos que P implique Q.

  c. Portanto, o ouvinte pode concluir que P implica conversacionalmente Q.

• *Máxima da quantidade*

Comecemos analisando o diálogo em (13). A interroga sobre o paradeiro do prefeito e B responde de forma um tanto vaga. A resposta de B é informativa, mas não tão específica como A gostaria, o que o leva a crer que B não sabe com precisão o destino do prefeito. Veja que para não violar a máxima da qualidade (dizer algo falso) e ao mesmo tempo respeitar a máxima da quantidade (seja tão informativo quanto possível), B responde o que é capaz de responder no momento. Mas note que esse tipo de vagueza pode ser relativa: se os interlocutores estiverem no Ceará, a resposta de B pode ser suficiente; se estiverem no Paraná, a resposta nos parece mais imprecisa, mas ainda assim algo informativa; se estiverem em Santa Catarina e estiverem falando do prefeito de uma cidade catarinense (pressupondo que é costume da maioria dos moradores do estado passarem férias de verão no litoral), a resposta fica menos informativa.

(13)   A: Sabe onde o prefeito está passando férias?
       B: Em Santa Catarina.
       +> O falante B não sabe em que cidade o prefeito está passando férias.

O exemplo da carta de recomendação visto anteriormente, para Grice, viola a primeira máxima da quantidade (faça com que sua contribuição seja tão informativa quanto o que foi requerido), pois o professor Pedro não está sendo suficientemente informativo. Como vimos, a violação supõe a obediência ao princípio da cooperação. Se ele não quisesse cooperar, não teria escrito a carta. Contudo, como é pouco informativo, o ouvinte pode inferir que não há mais nada positivo a ser dito.

Grice também entende as tautologias como envolvendo a exploração da primeira submáxima da quantidade. Considere (14a). Essa sentença é uma verdade analítica, ela é verdadeira independentemente de como os fatos do mundo são, e, assim, ela não é informativa. Mas note que, justamente porque supomos que o falante está sendo cooperativo, concluímos que ele está comunicando algo mais com a tautologia, que é comumente interpretada como se falante e ouvinte compartilhassem um conjunto de conhecimentos sobre alguma coisa ao ponto de dispensarem qualificações adicionais, como no caso (14b): ambos sabem qual é o comportamento que João costuma exibir e que, portanto, nada mais precisa ser dito.

(14)   a. Mãe é mãe.
          +> Mães fazem coisas típicas de mães.
       b. Você sabe, o João é o João.
          +> O João faz coisas que sabemos que são de seu comportamento típico.

PARA CONHECER **Pragmática**

Em comum, a resposta imprecisa, a carta de recomendação e as tautologias instanciam a exploração da primeira máxima da quantidade e envolvem a suposição, por parte do falante, de que o ouvinte é capaz de perceber que essa violação é deliberada.

Por outro lado, temos implicaturas que surgem pela obediência à primeira submáxima da quantidade (faça com que sua contribuição seja tão informativa quanto o que foi requerido). Vejamos o exemplo (15). Não há motivos para acreditar que o falante não está sendo cooperativo nem que está violando a máxima em questão. Assim, o ouvinte pode inferir que não foram todos os alunos que gostaram da palestra – afinal, se o falante soubesse que *todos gostaram da palestra*, usaria *todos* para não violar a máxima da qualidade.

(15)   Alguns alunos gostaram da palestra.
       +> Nem todos os alunos gostaram da palestra.

Implicaturas dessa natureza sempre envolvem duas opções, uma mais informativa do que a outra. *Alguns* e *todos* têm uma relação lógica: o segundo acarreta o primeiro, ou seja, situações em que *todos SN* (sintagma nominal) *SV* (sintagma verbal) são verdadeiras também são situações em que *alguns SN SV* são verdadeiras. Logo, como vemos a seguir, (16a) acarreta (16b); mas note que (16b) não acarreta (16a). Assim, (16b) é menos informativa. Portanto, se o falante opta por usar *alguns* e ele está sendo informativo, podemos inferir que (16a) não é o caso. Se (16a) não é o caso, então (16b) só pode significar, isto é, implicar, que *nem todos* os alunos gostaram da palestra.

(16)   a. Todos os alunos gostaram da palestra.
       b. Alguns alunos gostaram da palestra.

Há outros exemplos que também envolvem elementos que estão relacionados por sua informatividade, o que nos mostra que esse tipo de implicatura é um fenômeno bastante geral (e possivelmente universal). Considere o exemplo em (17a). Aqui também temos outra instância de uma escala informativa que usa termos similares, *todo* e *um pouco*. Note que se João entendeu todo o texto, é verdade também que ele entendeu um pouco do texto e, por outro lado, se ele entendeu um pouco do texto, não entendeu o texto todo. No caso (17b), também temos uma escala informativa, mas agora formada por adjetivos graduais. A escala de qualidade poderia ser formada por elementos como <*péssimo, ruim, médio, bom, excelente*>. Essa escala é especial porque não temos relação de acarretamento entre as opções. Se a janta estava boa, não acarreta que ela estava

74

média. Mas adjetivos dessa natureza se comportam do mesmo modo que as expressões que designam quantidades. Ao se escolher um termo inferior na escala, o ouvinte é levado a inferir que o superior não é o caso.

(17) a. João entendeu um pouco do texto.
          +> João não entendeu todo o texto.
      b. A janta estava boa.
          +> A janta não estava excelente.

O curioso dessa classe de inferências é que ela é feita de modo quase automático, o que levou muitos pesquisadores a questionarem seu estatuto de implicatura. Afinal, poderíamos explicá-las por um raciocínio como (10)? Mesmo se sim, será que fazemos esse cálculo toda vez que nos deparamos com proferimentos que envolvem escolha entre opções de diferentes graus de informatividade? É esse tipo de questão que levará a desenvolvimentos na compreensão do fenômeno, como os modelos teóricos que veremos nas seções "Implicaturas automáticas" e "A teoria da relevância" adiante neste capítulo.

• *Máxima da relação*

Esta máxima é definida simplesmente como "seja relevante". Apesar dessa formulação concisa, é uma máxima que explica nosso comportamento linguístico na medida em que percebemos que nossas trocas linguísticas se dão com um propósito (seja implícito ou explícito), e tudo o que falamos objetiva alcançar esse propósito.

Supondo que nosso comportamento regular seja a obediência à máxima, os casos interessantes surgem quando nosso comportamento é desviante, mesmo que ligeiramente. Consideremos o exemplo que segue:

(18) A: Que horas são?
      B: Já está começando o jornal do meio-dia.

Nesse caso B não responde objetivamente a questão feita por A. Nesse sentido, a resposta não é relevante. Mas note que a violação aparente de uma máxima sempre pressupõe que o falante está sendo cooperativo, afinal ele respondeu à pergunta da melhor maneira que poderia fazer. Portanto, o ouvinte deve inferir que a resposta é relevante, e a violação da resposta de B é apenas aparente. Intuitivamente, a resposta de B é tornada relevante porque sabemos, via conhecimento de mundo, que muitas emissoras de televisão exibem um programa de notícias que começa ao meio-dia. A interpretação de B poderia ser guiada pelo esquema griceano da seguinte forma, simplificando um pouco o esquema que vimos anteriormente:

(19) a. O falante disse *Já está começando o jornal do meio-dia.*
   b. Não há razão para supor que o falante não esteja seguindo o princípio da cooperação e as máximas.
   c. Ao dizer *Já está começando o jornal do meio-dia* o falante acredita que *já é meio-dia.*
   d. O falante supõe que *já é meio-dia* pode ser inferido por ele estar sendo cooperativo.
   e. Portanto, o falante quer que o ouvinte infira de *Já está começando o jornal do meio-dia* que *já é meio-dia.*

Note que (18B) não acarreta que já é meio-dia. Podemos imaginar que algum acontecimento importante, como um evento esportivo ou algo do tipo, tenha feito a emissora mudar a sua programação e naquele dia, excepcionalmente, o jornal do meio-dia começaria às 11h30. Note que ainda falamos da *novela das oito* da Rede Globo, embora ela tenha passado para nove da noite já há uns bons anos.

O exemplo típico da violação dessa máxima oferecido por Grice envolve uma mudança brusca de assunto. Suponha que, numa festa, A e B fofocam sobre C. De repente A, percebendo que C chegou e que vem na direção deles, diz: *Já percebeu como está quente nesse outono?* Essa mudança é um indicativo para B mudar de assunto. O essencial é que violações da máxima da relação sejam tão claramente não relacionadas com o tópico da conversação que é praticamente impossível que o ouvinte não perceba a intenção do falante em implicar outra coisa, que por algum motivo situacional não pode ser dito explicitamente. Mas nem sempre é preciso que essa violação seja tão brusca.

Outro tipo de exemplo oferecido por Grice envolve uma violação menor, mas que sugere que há uma relação entre dois eventos. Observe o diálogo em (20). Não há uma relação clara entre a fala de B como comentário ao que disse A, o que pode levar A a concluir que B está implicando que Santos tenha uma namorada em Ponta Grossa. Mas essa inferência só é possível se partimos do pressuposto que B está sendo cooperativo e seguindo as máximas da quantidade e da relação.

(20)   A: Me parece que o Santos está sem namorada.
      B: Eu soube que ele tem viajado muito pra Ponta Grossa.

Note que a afirmação de B não precisa ter necessariamente a intenção de sugerir que Santos tenha uma namorada nova. Digamos apenas que B esteja sendo cooperativo e tenha informado algo que sabe que A não sabe sobre o sujeito tema da conversa: que ele tem ido muito a Ponta Grossa visitar o pai, que está doente. Aqui, talvez, a implicatura poderia ser oposta: Santos não está com uma namorada nova porque nos seus dias de folga vai visitar o pai doente. Imagine, então, que o diálogo siga da seguinte forma, nesse cenário:

(20') A: Será que ele tá vendo alguém lá, então?

B: Não sei. Eu só sei que o pai dele tá doente e Santos tem ido visitar ele.

Embora sucinta, a *máxima da relação* tem um papel crucial no desenrolar da conversação, pois, além do princípio da cooperação, é ela que parece garantir que nossas interações mantenham unidade de sentido e que sempre fiquemos atentos a esse norte (*do que eu estava falando mesmo?*). Tanto é assim que haverá quem proponha que ela é a máxima mais importante. Note também que ela parece se relacionar muito de perto com a máxima da quantidade. Embora alguns vejam nisso um problema ou uma redundância – o que explicaria (18) não seria apenas uma violação da máxima da relação, mas também a presunção de que o falante está sendo tão informativo quanto possível –, podemos supor que as máximas possam se combinar em algumas situações. Grice tinha consciência disso e, para ele, exemplos como (18) mostram que o falante viola a máxima da quantidade por não dar a informação específica solicitada, mas também, ao mesmo tempo, por estar sendo cooperativo e seguindo as máximas – não quer violar a máxima da qualidade (não quer dizer algo falso) e da relevância (quer contribuir com algo relevante) –, profere algo que supõe que seja informativo o suficiente, ou seja, que leve à implicatura de que o falante supõe que já seja meio-dia.

• **Máxima do modo**

Essa máxima envolve quatro submáximas que não se opõem e também não estão relacionadas entre si estreitamente. Consideremos cada uma delas.

Evite ambiguidades. Muitas vezes, ambiguidades lexicais, como os dois significados de *canela*, podem ser resolvidas por pistas do contexto e, no caso de ambiguidades sintáticas, podemos supor que a interpretação relevante também possa ser inferida pela relação com o contexto discursivo. É o que acontece com sentenças ambíguas, como em (21a) ou (21b): no primeiro caso, o conhecimento de mundo nos ajuda, pois é provável que saibamos que Fábio

PARA CONHECER **Pragmática**

Porchat não é casado com Jô Soares. Note que, embora essa interpretação esteja disponível para (21a), ela não é relevante, pois entraria em conflito com um pressuposto presente no fundo compartilhado pelos interlocutores. A resolução do segundo caso precisa de mais contexto, ou seja, são necessárias informações específicas para sabermos se se trata de uma velha que estava com a bengala ou se a bengala foi a arma usada pelo menino.

(21) a. Fábio Porchat fala de seu casamento com Jô Soares.
b. O menino bateu na velha com a bengala.

Evite obscuridades. Um exemplo de violação deliberada desse princípio ocorre quando as crianças usam a "língua do pê", pois não querem que alguma outra pessoa próxima, que desconhece esse código, entenda o que está sendo dito.

> Há duas variações na língua do pê. Uma envolve acrescentar uma sílaba iniciada por p ao final de cada sílaba das palavras: *bo-la/bo-po-la-pa*. A outra consiste em colocar o p precedendo as sílabas das palavras: *bo-la/pe-bo-pe-la*.

Algumas vezes, adultos soletram alguma palavra que não querem que a criança entenda. Há também situações em que as pessoas usam um vocabulário obscuro com o interlocutor para expressar superioridade ou demonstrar para ele que dominam o vocabulário técnico de algum ramo de atividade (como numa entrevista de emprego, por exemplo). Como veremos no próximo capítulo, há efeitos de polidez também com esses usos. Um profissional usar um vocabulário muito técnico para conversar com leigos pode ser interpretado como arrogância e falta de empatia, mas usar um vocabulário técnico com alguém do mesmo ramo significa empatia e desejo de ser aceito.

Seja breve. Suponha que um crítico musical avalie a performance de um candidato num *reality show* para cantores amadores como (22a), enquanto um segundo crítico, como (22b). A opção (22a) seria a forma mais breve de descrever a performance. Já a opção (22b) descreve mais ou menos o mesmo estado de coisas no mundo, mas é uma maneira mais custosa de se fazer isso. É como se (22b) fosse uma forma marcada e ela implica que o falante quis dizer algo mais; nesse caso, que a performance não pode ser descrita como "cantar". Ou seja, que o canto não foi muito bom.

(22) a. Ela cantou "Eu te amo", de Chico Buarque.
b. Ela produziu uma série de sons que correspondem à letra de "Eu te amo", de Chico Buarque.
+> A performance da candidata não foi boa.

Às vezes podemos evitar a brevidade por educação ou polidez. Se alguém está experimentando uma roupa nova e julgamos que não caiu bem na pessoa ou que aquela roupa não é adequada para um determinado evento, poderíamos dizer simplesmente que está feio ou inadequado, mas também poderíamos dizer (23a) ou (23b). Veja que, ao invés de criticar diretamente o ouvinte, o falante se coloca no lugar dele.

(23) a. Eu não usaria esse vestido numa festa de casamento.
       b. Eu acho que esse vestido não combina com o tema da festa.
            +> Esse vestido é inadequado para a ocasião.

Assim, note que, de modo geral, a máxima do modo sempre parece envolver a consideração de outras formas de se expressar um conteúdo.

Seja ordenado. No caso (24a), inferimos que os eventos ocorreram na ordem em que são apresentados; em (24b), inferimos que há uma relação de causalidade entre tomar chuva e ficar gripado; e no caso de (24c), a ordenação poderia levar o interlocutor a inferir que há uma ordem de preferência, o que aparece primeiro é o objeto de que o sujeito mais gosta. A expressão *não necessariamente nessa ordem* é usada justamente para evitar que a implicatura surja.

(24) a. Cheguei em casa, tomei banho e deitei para assistir um seriado.
            +> Cheguei em casa, depois tomei banho e depois deitei para assistir um seriado.
       b. Peguei chuva ontem à tarde e agora estou gripado.
            +> Peguei chuva ontem à tarde e por causa disso agora estou gripado.
       c. Carlos gosta de futebol, samba e cachaça, não necessariamente nessa ordem.

Esperamos que com essa primeira apresentação das máximas tenha ficado claro para o leitor o seguinte fato: há uma série de inferências não lógicas (ou seja, não são acarretamentos) feitas levando-se em conta o contexto e os interlocutores – é o que Grice explica ao assumir que há um acordo tácito traduzível através do princípio da cooperação e das máximas conversacionais. Exploramos na sequência o fato de que as implicaturas são inferências calculáveis e que elas são canceláveis, algumas das principais características das implicaturas. Passemos agora, então, a um olhar mais cuidadoso para essas propriedades.

1.3 Características e classificação

Já vimos que Grice apontou dois tipos de significado, o natural e o não natural. O significado não natural pode ainda ser subdividido entre o que vai ser chamado de o **dito** e o **implicado**. Essa não é uma distinção muito óbvia, pois, como vimos, há implícitos que parecem surgir tão sistematicamente que somos tentados a cogitar que fazem parte do dito, como o quantificador

> Assumamos que os objetos de análise da Semântica e da Pragmática griceana sejam entidades teóricas diferentes. O objeto de análise da Semântica é a proposição expressa por uma sentença P de uma língua natural. Já a Pragmática quer explicitar o que o falante quis dizer ao pronunciar P numa situação particular, isto é, assumindo que P tenha mais conteúdos do que aqueles comunicados convencionalmente.

alguns, que tem um significado como "alguns e não todos". Dessa forma, poderíamos cogitar que *alguns* significa em determinadas situações "alguns e talvez todos" e em outras "alguns e não todos".

Se for assim, note que isso nos obrigaria a assumir também que a conjunção aditiva *e* é polissêmica, significando, além da simples adição de elementos gramaticais, as noções de sequência temporal, causalidade, ordenação valorativa e por aí vai. A separação entre o dito e o implicado nos ajuda a separar o que é vericondicional (a proposição, ou as condições de verdade) do que é conversacional ou intencional (o significado do falante, em resumo). Grice ainda sugeriu que o implicado pode ser de duas naturezas, convencional ou conversacional, e este pode ser generalizado ou particularizado.

Assim, esquematicamente temos o seguinte quadro:

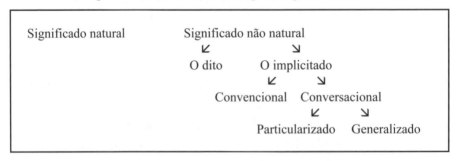

Vejamos com mais cuidado cada um dos tipos de implicaturas.

• *Implicaturas conversacionais*

As implicaturas conversacionais são de dois tipos: particularizadas ou generalizadas. Grice as opõe estabelecendo que as primeiras são geradas por "características especiais do contexto" e que elas não surgem pela enunciação "normal" de uma sentença P qualquer. Por outro lado, no caso das generalizadas, na *ausência* de "circunstâncias especiais" a enunciação de P vai gerar uma implicatura Q. Vejamos cada caso.

As metáforas são um exemplo particularmente interessante de implicaturas conversacionais particularizadas porque sua interpretação lança mão de uma série de elementos do contexto, e não apenas do significado convencional das palavras. Como dissemos anteriormente, as metáforas podem se convencionalizar, no sentido de que seu significado não requer mais o cálculo de nenhuma implicatura. Por exemplo, na nossa cultura, coisas doces estão associadas a coisas fáceis, como nas expressões *melzinho na chupeta* ou *mamão com açúcar.* Mas quando construímos metáforas novas precisamos calcular a intenção de quem disse e as circunstâncias em que aquilo é enunciado. No caso de (25a), o açúcar pode ser associado a doçura. Assim, como a sentença é uma falsidade categorial (portanto, uma violação da primeira submáxima da qualidade), Grice (1982: 96) conclui que: "A suposição mais provável é que o falante está atribuindo a seu ouvinte algum traço ou traços pelos quais o ouvinte se assemelha (mais ou menos ficticiamente) à substância mencionada." Por outro lado, imaginemos que o falante só gosta de café sem açúcar e o ouvinte saiba disso. Nesse caso, a inferência seria outra. Para esse falante, o açúcar estraga o café e o deixa com um gosto ruim; isso fará com que o interlocutor interprete o proferimento de (25a) como algo negativo ("você é um desgosto" ou algo do tipo). Algo similar pode ser dito da sentença (25b). Dependendo da intenção e do contexto, esse proferimento pode ser interpretado como uma crítica positiva ou negativa. A teoria, então, pode ser um deleite, algo fácil de interpretar/digerir/degustar ou pode ser algo frágil, que se desmancha facilmente.

(25)   a. Você é o açúcar do meu café.
       b. Essa teoria é açúcar puro.

Outro exemplo é a ironia, que já discutimos anteriormente: elas são proferimentos de sentenças que são falsas para o falante ou podem ser falsidades categoriais, como no exemplo a seguir, uma frase famosa do romance *Memórias Póstumas de Brás Cubas*, de Machado de Assis. Na nossa cultura, "tempo é dinheiro" e o enunciado é irônico porque o autor estabelece a duração do relacionamento por um período de tempo e uma quantidade de dinheiro, implicando que Marcela estava se envolvendo com o narrador apenas por interesse.

(26) Marcela amou-me durante quinze meses e onze contos de réis, nada menos.

É importante ressaltarmos que a conversação não se dá no vácuo. Embora costumemos trazer exemplos apartados do contexto maior em que costumam ser utilizados para facilitar a exposição e a discussão, é inegável que o entorno discursivo é fundamental para o cálculo de implicaturas e isso é premente no caso das implicaturas particularizadas. Veja como o conhecimento de mundo é fundamental para calcularmos a implicatura no exemplo que segue:

(27) Chefe: Pessoal, gostaria de marcar uma reunião de avaliação de resultados para a próxima sexta.
Funcionário: A próxima sexta é Finados.

Na nossa sociedade, a maioria das empresas costumam dar folga para seus funcionários no dia de Finados (exceto talvez por serviços essenciais, como farmácias, postos de gasolina, hospitais etc.). Esse conhecimento nos faz concluir que o funcionário está lembrando ou sugerindo ao chefe que a data proposta não é um dia razoável para se fazer reuniões. Note que a inferência será diferente em outro contexto, como o abaixo, em que o filho sugere ao pai que a data é apropriada para se fazer a viagem.

(28) Pai: Pessoal, eu queria tanto passar uns dias na praia antes das férias, mas sair no sábado e voltar no domingo é tão cansativo.
Filho: A próxima sexta é dia de Finados.

Em resumo, a principal característica das implicaturas conversacionais particularizadas é essa presença de "ocasiões especiais" e a assunção de que o proferimento de P não irá levar o ouvinte a concluir Q automaticamente. Note que, mesmo no caso das metáforas, há um grau de indeterminação no tipo de inferências que podemos fazer (pode ser uma coisa boa ou uma ruim) e nada nos garante que as inferências geradas sejam aquelas sugeridas.

Vimos anteriormente que a enunciação com quantificadores como *alguns* pode gerar inferências e que elas podem ser explicadas pela obediência à máxima da quantidade. De modo geral, se o falante está sendo cooperativo e forneceu o máximo de informação de que ele era capaz naquele momento, então surge a inferência de que uma outra opção (mais informativa) não é o caso. Assim, em (29a) se o falante usou *muitos*, podemos inferir que não é o caso de todos; e, no caso (29b), se ele usou *alguns* podemos inferir também que não é o caso que todos os convidados bebem cerveja artesanal.

(29)   a. Muitos convidados bebem cerveja artesanal.
+> Não são todos que bebem cerveja artesanal.
        b. Alguns convidados bebem cerveja artesanal.
+> Não são todos que bebem cerveja artesanal.

Considerando esses casos, poderíamos ser tentados a crer que essa característica faz parte do significado convencional de *muito* e de *algum*, pois em circunstâncias normais essa inferência vai sempre ocorrer. Quer dizer, admitamos que o quantificador *alguns* signifique em determinadas situações "alguns e não todos" e em outras "alguns e talvez todos". Do mesmo modo, *muitos* pode significar em algumas situações "muitos e não todos" e em outras "muitos e talvez todos". Há alguns motivos para duvidarmos de uma explicação lexicalista. Além do fato de essa aparente ambiguidade ser sistemática para quantificadores como *alguns* e *muitos*, essa ambiguidade também ocorre em várias línguas. O que tem levado pesquisadores a supor que há um significado pragmático nessas expressões é que podemos mostrar que aquele primeiro significado não é vericondicional, afirmando a primeira sentença e também negando o seu conteúdo implicado, como abaixo. Esse teste parte do princípio de que, se um dado conteúdo faz parte do componente de uma proposição, sua afirmação, simultânea com a sua negação, deve gerar uma contradição. Em (30a) temos a primeira afirmativa, seguida por um proferimento que de certa forma "corrige" ou emenda o enunciado anterior sem que tenhamos a sensação de estarmos diante de uma contradição. O mesmo acontece com (30b). Compare esses dois proferimentos com uma contradição, como vemos em (31), onde temos a estrutura *P e não P*.

(30)   a. Muitos convidados bebem cerveja artesanal. Na verdade, todos bebem.
        b. Alguns convidados bebem cerveja artesanal. Na verdade, todos bebem.
(31)   #Alguns convidados bebem cerveja artesanal. Na verdade, nenhum convidado bebe cerveja artesanal.

Ou seja, temos motivos para acreditar que estamos diante de uma inferência pragmática quando supomos que a afirmação de *alguns N* nos leva à conclusão de que "não é o caso de que todos N". Esse tipo de inferência é um dos fenômenos mais discutidos contemporaneamente e voltaremos a tratar dessa classe especial de implicaturas na seção 2 adiante.

Passemos às características desses dois tipos de implicaturas conversacionais.

• *Características das implicaturas conversacionais*

Há uma série de características que nos permitem identificar as implicaturas conversacionais, às quais podemos adicionar o fato de serem calculáveis através do princípio da cooperação e das máximas:

a. cancelabilidade;
b. não separabilidade;
c. não convencionalidade;
d. não veiculação pelo dito;
e. indeterminação.

Já vimos antes que podemos cancelar implicaturas conversacionais generalizadas em condições especiais. O mesmo pode ser dito de implicaturas conversacionais particularizadas, como as ironias. Retomemos como ilustração o exemplo (7) visto anteriormente. Nesse caso, se o falante continuar com o discurso como em (32), a enunciação não será tomada como contraditória, apenas poderíamos ser levados a concluir que ele mudou sua opinião sobre o político em questão.

(32)   Y é o melhor governador que esse estado já viu. E não estou sendo irônico. Acredito mesmo nisso.

Temos visto que as implicaturas surgem não apenas pelo conteúdo semântico, pela informação que a proposição traz, mas também pela relação entre esse conteúdo e o contexto. Em alguns casos mesmo mudando a forma ou o modo de expressar o conteúdo semântico, a implicatura continuará a surgir. Para ficarmos com o mesmo exemplo, veja que mesmo mudando o adjetivo, a intepretação de ironia continua lá, dadas as condições já vistas. Esse fato ilustra a propriedade da não destacabilidade ou não separabilidade.

(33)   Y é o mais competente/dedicado governador que esse estado já viu.

Um dos problemas dessa característica é que ela está ligada ao "modo" de veicular o conteúdo. Nesse exemplo, mudamos o adjetivo por um de significação similar. É aí onde reside o problema, pois a sinonímia perfeita é algo muito raro. Assim, testar a não separabilidade pode ser complicado em alguns casos, especialmente se não houver sinônimos muito próximos disponíveis no inventário lexical.

Essa característica parece estar em conflito com a declaração de que a implicatura não é veiculada pelo dito, mas pelo proferimento da sentença em um dado contexto. Afinal, se a proposição é mantida e muda-se apenas a forma, esperamos que um dado conteúdo surja independentemente do contexto. Contudo, o que é essencial para que a implicatura surja é justamente o contexto e a intenção do falante ao fazer seu proferimento, pois, literalmente, uma sentença como (33) é um elogio, e só será interpretada ironicamente em situações especiais. Portanto, essa característica não se aplica às implicaturas de modo, que surgem justamente pelas diferentes formas linguísticas escolhidas.

Grice (1982: 103) cogita que algumas implicaturas possam se convencionalizar, como no caso das metáforas cristalizadas, mas o significado convencional da expressão não carrega a implicatura, não está "incluído na especificação original da força convencional da expressão", nas suas palavras, como vimos na discussão sobre a metáfora do açúcar. A Semântica Lexical resolve esse aparente conflito postulando que as expressões linguísticas teriam uma denotação (seu sentido real ou concreto) e uma conotação (seu sentido figurado, afetivo, regional etc.).

Esse fato está relacionado com a outra propriedade, a da indeterminação. Nada nos garante que as semelhanças entre o açúcar e a teoria sejam apenas de deleite, facilidade ou o oposto, coisa frágil, como no exemplo (25b). Para dar outro exemplo, até bem pouco tempo atrás usávamos a expressão *preço de banana* para expressar que algo estava muito barato. Hoje as bananas já não são mais tão baratas e a expressão tem caído em desuso. No caso de (33), mesmo que o falante acredite que a sentença expresse algo falso, imaginemos que ele esteja mentindo para impressionar algum interlocutor que ele sabe que é admirador do governador, por exemplo. Isso tornaria o enunciado, de uma potencial ironia, num elogio. Noutra situação, o interlocutor, sabedor da atitude do falante diante do governador, poderia interpretar o elogio como uma insinuação de algum tipo (por que ele está querendo me agradar?).

Por fim, há ainda uma outra característica, esta não originalmente apontada por Grice. Alguns autores também notaram que as implicaturas podem ser reforçadas, sem que tenhamos a sensação de redundância. Compare (34a-b) com uma redundância típica como em (35): a menos que interpretemos *uma maçã* e *uma fruta* como se referindo a diferentes objetos, a sentença é semanticamente anômala, a menos que interpretemos *uma fruta* como se referindo a uma outra fruta qualquer que o falante desconhece exatamente qual seja.

(34) a. Alguns convidados, e não todos, bebem cerveja artesanal.
       b. Y é o melhor governador que esse estado já viu. Estou sendo irônico, só pra ficar claro.

(35) #João comeu uma maçã e uma fruta.

Esperamos ter mostrado que as implicaturas conversacionais são um fenômeno bastante interessante e com bordas imprecisas, embora suas propriedades sejam relativamente claras. Talvez o que melhor as caracterize seja o fato de serem canceláveis e calculáveis, e o que separa as implicaturas conversacionais generalizadas das particularizadas é a indeterminação. Nas palavras de Grice (1989: 100), as implicaturas conversacionais generalizadas surgirão da seguinte forma: "às vezes o uso de uma certa combinação de palavras numa enunciação pode acarretar normalmente (na **ausência** de circunstâncias especiais) uma implicatura tal e tal ou um determinado tipo de implicatura" (ênfase do autor).

Grice supôs ainda um terceiro tipo de implicatura, passemos a ela.

• *Implicaturas convencionais*

A característica fundamental das implicaturas conversacionais é o fato de serem alcançadas a partir das máximas e de elementos contextuais. As implicaturas convencionais são precisamente o oposto: não são calculáveis pelas máximas e nem precisam de elementos do contexto. Esse fato tem levado alguns autores a questionarem seu estatuto como implicaturas, e aqui nos limitaremos a compreender a caracterização que Grice deu a elas. Ele as chamou de "convencionais" justamente porque carregam uma camada de significado importante e relevante, mas que não contribui para as condições de verdade. Vejamos um trecho em que ele expõe essa caracterização:

> Se digo (presunçosamente) *Ele é um inglês; ele é, portanto, um bravo*, certamente comprometo-me, em virtude da significação de minhas palavras, a que o fato dele ser um bravo é uma consequência do fato dele ser inglês. Mas embora tenha dito que ele é inglês e que ele é um bravo, não quero dizer que eu **tenha dito** (no sentido aqui favorecido de *dizer*) que decorre dele ser inglês que ele seja um bravo, ainda que eu tenha certamente indicado, e portanto implicitado, que isto é verdade. Não quero dizer que minha enunciação dessa sentença seria, **estritamente falando**, falsa se a consequência em questão não fosse válida. (Grice, 1982: 85; grifos do autor)

Já vimos as noções de dito e de implicado anteriormente. Aqui, no exemplo em questão, o filósofo assume que a conjunção *portanto* tem o mesmo conteúdo semântico do *e*, isto é, para que a sentença em discussão seja verdadeira, basta que as proposições "ele é um inglês" e "ele é um bravo" sejam ambas verdadeiras. Note que ele afirma também que poderia não ser o caso de existir uma relação de consequência entre as duas coisas (afinal, os ingleses não nascem com um gene da bravura, até onde sabemos), mas ainda assim poderiam ser verdadeiras. Ou seja, isso nos indica que não podemos analisar essa sentença como se ela envolvesse a conjunção de três proposições, como em (36b). Assim, Grice sugere que o que temos pode ser analisado como (36c). O problema é que estamos diante de um tipo de informação que está ligada ao significado convencional de *portanto*. Como falante de português, você sabe (intuitivamente) que a conjunção estabelece a relação de consequência entre dois acontecimentos. Ou seja, é um tipo de informação que não pode ser cancelada ou destacada da expressão, como vemos adiante em (37):

(36) a. Ele é um inglês; ele é, portanto, um bravo.
      b. Ele é um inglês & ele é um bravo & ser bravo é uma consequência de ele ser inglês.
      c. Conteúdo semântico: ele é inglês e ele é um bravo.
         Conteúdo pragmático: ser um bravo é uma consequência de ele ser inglês.
(37) #Ele é inglês; ele é, portanto, um bravo, mas ser bravo não é consequência de ele ser inglês.

Vejamos um outro exemplo. A conjunção adversativa *mas* carrega uma implicatura convencional de contraexpectativa. Quem conhece cães sabe que os labradores geralmente são muito brincalhões. Portanto, não se espera que exista alguma oposição entre ser um labrador e ser brincalhão, o que torna o proferimento em (38) estranho. Assim, as condições de uso adequado de um *mas* envolvem também conhecimento de mundo, e não apenas algum tipo de relação semântica existente entre a denotação de labrador e brincalhão (por mais que possa existir uma relação de inclusão entre esses dois conjuntos, acarretando, digamos, que todos os labradores sejam também brincalhões). Note, assim, que tentar cancelar a contraexpectativa em (39a) ou a oposição entre os dois predicados em (39b) torna a sentença anômala.

PARA CONHECER **Pragmática**

(38)   ?O Thor é um labrador, mas ele é bem brincalhão.

(39)   a. #O Thor é um labrador, mas ele é bem brincalhão, e eu não esperava que por ser um labrador ele fosse brincalhão.

   b. #O Thor é um labrador, mas ele é bem brincalhão, e não tem nenhuma oposição entre ser um labrador e ser brincalhão.

Assim, o que há em comum entre as conjunções *portanto* e *mas* é que além de expressarem a conjunção de duas proposições, elas também trazem um outro conteúdo. Esse conteúdo tem a particularidade de não contribuir para as condições de verdade. Essa foi a principal motivação de Grice para tratá-lo como um tipo de inferência pragmática, mesmo que de tipo "convencional", isto é, ligada ao conteúdo das expressões.

Estamos diante de um problema para a caracterização dos limites entre Semântica e Pragmática: há um conteúdo que não contribui para as condições de verdade (seria, assim, pragmático), ao mesmo tempo que não é conversacional, isto é, está ligado ao significado convencional das expressões e não é calculável nem cancelável (seria, assim, semântico). A conclusão óbvia é de que estamos diante de um fenômeno de interface. Haveria em tese duas soluções possíveis: a) ou ampliamos o escopo da Semântica para que ela lide com aspectos do significado que não contribuem com as condições de verdade; ou b) deixemos que a Pragmática trate de fenômenos que são convencionais, como sugeriu Grice. Veja que esse problema nos coloca uma questão empírica interessante: todas as expressões linguísticas que trazem conteúdos que não contribuem para as condições de verdade são, portanto, implicaturas convencionais?

As ideias desse filósofo ajudaram a colocar esse tipo de questão e a inaugurar o estudo das implicaturas na Filosofia da Linguagem e na Linguística. No restante do capítulo vamos ver algumas propostas que reimaginaram esse fenômeno e propuseram novas questões e novas formas de entender os limites entre o conteúdo semântico e o pragmático.

2. REPENSANDO AS IMPLICATURAS

Nesta seção, discorremos sobre reformulações e desenvolvimentos recentes das ideias de Grice. Em 2.1, apresentamos as ideias de um neogriceano, Stephen Levinson (2000), que reformula algumas hipóteses e faz algumas inovações que se distanciam das propostas iniciais do filósofo. Por sua vez, a Teoria da Relevância é uma abordagem que se distancia ainda mais do que Grice imaginou. Ainda que mantenha a existência das implicaturas nas línguas, a teoria resume seu "cálculo" a propriedades da cognição humana e a um princípio geral da relevância. Falaremos dela na seção 2.2.

2.1 Implicaturas automáticas

Vimos que uma das características das implicaturas conversacionais é o fato de serem calculáveis a partir das máximas e de serem dependentes de contexto. Há uma classe de implicaturas, as conversacionais generalizadas, que surgem, em princípio sem necessidade de um cálculo como as máximas ou de aspectos especiais do texto. Olhando com mais atenção para as implicaturas conversacionais generalizadas, Levinson (2000) reformula as máximas griceanas, sugerindo três princípios: i) Q(uantidade), ii) I(nformatividade) e iii) M(odo). Cada um deles tem uma parte voltada para o falante e outra para o ouvinte. Note que esse sistema não está preocupado com as implicaturas que surgem baseadas na máxima da qualidade.

Vejamos como funcionam os princípios de Levinson (2000).

- *Princípio Q:*

  - Máxima do falante: não diga menos do que o necessário (considerando o *princípio I*, explicitado mais adiante).
  - Máxima da ouvinte: o que não é dito não é o caso.

Esse princípio quer explicar as inferências por trás das implicaturas escalares. Ao escolher uma expressão mais fraca, supondo que foi dito tudo que se sabia, o ouvinte pode ser levado a concluir que a expressão mais forte não se aplica, como nos exemplos que seguem:

(40) a. Alguns convidados bebem cerveja artesanal.

        +> Não são todos os convidados que bebem cerveja artesanal.

     b. Ana gosta do João.

        +> Ana não ama o João.

Como já vimos, o par de quantificadores *todos* e *alguns* forma uma escala informativa. Supondo que o falante tivesse informação de que todos os convidados bebem cerveja artesanal, ele teria dito isso; dada a máxima

PARA CONHECER **Pragmática**

do falante, o ouvinte pode concluir que o fato de ele não ter mencionado *todos* o legitima a inferir que é falso que todos bebem cerveja artesanal. Da mesma forma com os verbos *amar* e *gostar*. Supondo também que formam uma escala informativa ("x ama y" acarreta que "x gosta de y", mas não o contrário), o falante ter escolhido o termo mais fraco na escala leva o ouvinte a concluir que o mais forte não é o caso.

Esse princípio também nos permite entender implicaturas como as que vemos em (41), que podem ser explicadas se assumimos que *e* e *ou* formam uma escala informativa. Se o falante usou a disjunção, ele não sabe qual das alternativas é a verdadeira, como no caso de (41a) ou (41b), ou seja, se o falante soubesse qual das opções é a verdadeira, ele teria dito, dado o princípio Q.

(41)　a.　Felipe é sociólogo ou antropólogo.
　　　　+> O falante não sabe se Felipe é sociólogo ou se Felipe é antropólogo.
　　　b.　Ana comeu o bolo de chocolate ou o brigadeiro.
　　　　+> O falante não sabe se Ana comeu o bolo de chocolate ou se Ana comeu o brigadeiro.

Uma diferença vericondicional importante entre as conjunções *e* e *ou* é que a primeira acarreta a verdade das proposições conjungidas, enquanto a segunda não. Assim, de uma estrutura como $P \& Q$, temos o acarretamento de P e Q, como exemplificado em (42) – onde o símbolo $\rightarrow$ é lido como: "Felipe é carioca e botafoguense acarreta que Felipe é carioca". Esses fatos são intuitivos e é uma lei da lógica, a redução da conjunção. Note, por outro lado, que a disjunção não produz um acarretamento nesse sentido. De (41a) não podemos inferir que Felipe é um sociólogo, nem que Felipe é um antropólogo. O estatuto de implicatura de que o falante não sabe qual das duas situações se aplica pode ser verificado pelo teste do cancelamento, como temos em (43).

(42)　a.　Felipe é carioca e botafoguense.
　　　　$\rightarrow$ Felipe é carioca.
　　　　$\rightarrow$ Felipe é botafoguense.
(43)　a.　Felipe é um sociólogo ou antropólogo. Na verdade, ele se apresenta como os dois.
　　　b.　Ana comeu o bolo de chocolate ou o brigadeiro. E, pensando melhor, a Ana comeu os dois.

Esse tipo de implicatura apresenta a particularidade de poder ser cancelada pela **negação metalinguística**. A sentença (44a) exemplifica a negação proposicional e (44b), a negação metalinguística. Veja que se (44b) fosse uma negação tradicional, a sentença deveria

> A negação metalinguística difere de uma negação comum por não afetar o conteúdo da sentença, mas sim atuar sobre um proferimento prévio, ou o uso de uma expressão linguística, incluindo sua pronúncia, seu registro ou as implicaturas que ela gera.

ser uma contradição, pois os termos *rúbrica* e *rubrica* têm a mesma referência, e o que a negação afeta é a pronúncia adequada.

(44)   a. A Maria não deu um autógrafo para o fã, deu uma rubrica.

          b. A Maria não deu uma "rúbrica" para o fã, deu uma "rubrica".

Podemos usar uma negação metalinguística para cancelar a implicatura de (41a). Nesse caso, a negação afeta a disjunção, impedindo que a inferência de que ele seja uma coisa ou outra seja feita.

(45)   Felipe não é sociólogo ou filósofo. Ele *é* os dois.

Passemos agora ao princípio I.

• *Princípio I:*

- Máxima do falante: fale o mínimo necessário (considerando o princípio Q).
- Máxima do ouvinte: enriqueça o proferimento do falante, considerando o que é típico (dado o *princípio M*, explicitado mais adiante).

Esse princípio objetiva dar conta de implicaturas surgidas pelo uso de expressões gerais que são interpretadas especificamente e está ligado à segunda submáxima da quantidade (*não diga mais do que o necessário*). Por exemplo, no uso da conjunção aditiva *e* para relatar acontecimentos, nossa interpretação típica é de que eles aconteceram na ordem em que estão apresentados, como temos em (46a). Agora, note que em (46b) também temos a conjunção aditiva *e*, e podemos nos perguntar se a inferência de que João e Maria casaram um com o outro é um acarretamento ou uma implicatura. O que nos leva a crer que é uma implicatura é o fato de que essa inferência pode ser cancelada, como o leitor pode verificar.

PARA CONHECER Pragmática

(46) a. A Maria engravidou, casou e comprou uma casa.

+> A Maria primeiro engravidou, depois casou e então comprou uma casa.

b. João e Maria casaram.

+> João e Maria casaram um com o outro.

Note que em comum esses dois casos envolvem proferimentos que apresentam informações expressas de modo costumeiro. Se relatamos uma série de acontecimentos a um ouvinte, ele pode ser levado a acreditar que eles aconteceram na ordem em que são apresentados. A máxima do falante nos impele a falar pouco, e a máxima do ouvinte o impele a acrescentar conteúdos, de modo a tornar a sentença mais específica.

Outros exemplos são atos de fala indiretos como (47) ou casos de estreitamente lexical, como em (48):

(47) Você tem horas?

+> Se você tem um dispositivo para ver as horas, me informe as horas, por favor.

(48) a. João não bebe.

+> João não bebe álcool.

b. João perdeu sua fortuna jogando.

+> João perdeu sua fortuna jogando por dinheiro.

Esse princípio nos ajuda também a entender como os falantes resolvem ambiguidades. Fora de contexto, *copo de suco* por ser interpretado como "copo contendo suco" ou "copo para se beber suco". Mas, dependendo da situação, como as exemplificadas em (50), uma ou outra interpretação será a selecionada. No contexto de um restaurante em que sucos são vendidos por copos, (49) pode expressar que o que a menina quer é um copo contendo suco. Na outra leitura, imagine que a família pediu uma jarra de suco e o garçom esqueceu de trazer um copo para a menina beber. Suponha que o restaurante tenha pelo menos dois tipos de copo (copo de cerveja, copo de suco ou água):

(49) A menina quer um copo de suco.

(50) a. O que ela quer beber?

b. Que tipo de copo você quer?

O ponto importante desses exemplos é que a implicatura é sempre mais específica do que o proferimento e elas normalmente dependem de conhecimento de mundo e conhecimento lexical. Contudo, mesmo que esses conhecimentos nos ajudem a entender as inferências, é razoável supor que um mecanismo como o princípio I esteja em atuação.

Por fim, vejamos o princípio M.

- *Princípio M:*

  - Máxima do falante: não use uma expressão marcada sem motivo.
  - Máxima do ouvinte: o que é dito de forma anormal indica uma situação anormal.

A noção de marcação na Linguística advém do campo da Fonologia, mas tem sido usada em vários níveis de análise para comparar diferentes estruturas linguísticas em que a diferença entre os pares envolve apenas algum aspecto de forma em que uma das alternativas é mais usual e frequente e a outra é menos recorrente. Por exemplo, na Morfologia, na expressão gramatical do número nos nomes, dizemos que o singular é a forma não marcada (além de designar singular, tem usos mais amplos), enquanto a forma do plural é marcada (pois tem uso mais restrito e carrega também uma marca morfológica, o -*s*). No plano sintático, a ordem padrão da estrutura sintática em português é sujeito-verbo-objeto (SVO). Contudo, essa ordem pode ser subvertida por algumas estruturas. Compare as orações a seguir. Todas expressam o mesmo estado de coisas no mundo, mas dizemos que em relação à ordem SVO, as estruturas em (ii-iii) são marcadas.

(i)	O menino comeu o biscoito.	SVO
(ii)	O biscoito, o menino comeu.	OSV
	[deslocamento à esquerda]	
(iii)	Comeu o biscoito, o menino.	VOS
	[deslocamento à direita]	

Note que, no caso do plural, a diferença entre o singular e o plural não é apenas de forma, é também de significado. Contudo, no caso das diferentes ordens sintáticas, diremos que o conteúdo proposicional é o mesmo. Estudos discursivos e funcionalistas apontam que o funcionamento dessas formas na fala ou na escrita são favorecidos por fatores discursivos, como a distinção entre tópico/comentário, ou dado/novo.

Aqui também podemos considerar que há escalas de marcação no uso das expressões: se eu escolho uma expressão marcada, o meu ouvinte pode inferir a negação da expressão usual.

Vejamos os exemplos adiante, considerando que a diferença crucial entre os pares é uma diferença mais de forma do que de conteúdo. Afinal, temos uma diferença em relação também ao conteúdo semântico comparando as opções (a-b) nos pares em (51-52). Contudo, há um núcleo semântico comum em cada par: em (51) João foi o agente que causou a parada do carro, e em (52) a candidata foi o agente da emissão vocal dos versos da letra de "Tatuagem". A diferença é que a sentença usada em (b) não é uma forma usual de se descrever a situação nos dois casos, daí a implicatura de que estamos diante de uma situação não usual.

(51) a. João parou o carro.

+> João parou o carro como se faz normalmente.

      b. João fez o carro parar.

+> João fez alguma coisa para que o carro parasse. (por exemplo, puxando o freio de mão ou o jogou para fora da estrada)

(52) a. Na audição, a candidata cantou "Tatuagem", de Chico Buarque.

+> Na audição, a candidata cantou normalmente "Tatuagem", de Chico Buarque.

      b. Na audição, a candidata movimentou os lábios emitindo uma sequência de versos de "Tatuagem", de Chico Buarque.

+> Na audição, a candidata proferiu os versos de "Tatuagem", de Chico Buarque, mas não cantou bem.

Nesse modelo, a hipótese é que as implicaturas conversacionais generalizadas são geradas automaticamente, a menos que o contexto forneça indícios de que elas não devem ser feitas. Um dos principais argumentos para essa tese é o fenômeno chamado de "implicaturas intrometidas", situação em que a implicatura é praticamente obrigatória. Algumas implicaturas precisam ser inferidas para que possamos determinar o conteúdo de fato comunicado. No modelo griceano tradicional, a semântica alimenta a pragmática. Quer dizer, primeiro fixamos referentes, resolvemos ambiguidades e elipses, determinando assim o conteúdo que contribui para as condições de verdade. Só então esse conteúdo servirá de base para se inferir a implicatura.

Vejamos os dois casos a seguir. Em (53a), o conteúdo expresso pelo enunciado fica incompleto sem o termo de comparação. Esse é um caso do que tem sido chamado de **saturação**. O fato é que sem esse termo de comparação não podemos estabelecer as condições de verdade dessa sentença, por isso precisamos acrescentar informações ao conteúdo semântico. Já em (53b) o termo *beber alguma coisa* é vago. Por estreitamento lexical, e pelo contexto da música (dois conhecidos que se encontram depois de muito tempo sem se ver), interpretamos que é um convite para sair para beber algo alcoólico e colocar a conversa em dia. Esse representa um exemplo de **enriquecimento livre**. O fato importante aqui é que parece haver algum tipo de efeito contextual na delimitação do que é dito. A diferença é que no caso da saturação precisamos completar algum tipo de conteúdo proposicional, enquanto no enriquecimento não.

(53)   a. As pessoas preferem passar férias na praia. [ao invés de nas montanhas, nas cidades, no campo etc.]

     b. Eu preciso beber alguma coisa rapidamente. (Paulinho da Viola, "Sinal Fechado")
+> Eu preciso beber algo alcóolico rapidamente.

Em outra classe de exemplos importantes, Levinson (2000) argumenta que certas inferências, especialmente implicaturas conversacionais generalizadas, precisam acontecer antes de termos o conteúdo semântico, justamente para podermos determiná-lo. Na visão griceana tradicional, o conteúdo semântico é o que alimenta o processo de geração de implicaturas. Isso gera um círculo: conteúdo semântico > implicatura > conteúdo semântico. Vejamos os exemplos que seguem como ilustração do argumento. No caso (54a), temos uma oração condicional. A condição para Maria ficar feliz não é apenas a filhar casar e ela lhe dar netos, mas que isso aconteça na ordem apresentada. Note o seguinte: pelo significado lógico da conjunção aditiva *e*, para quaisquer proposições p e q, $p \ \& \ q = q \ \& \ p$, ou seja, semanticamente a ordem não faz diferença. Note que o significado de *e* precisa aqui ser enriquecido para "e então", ou seja, precisamos fazer uma implicatura de modo na oração subordinada condicional para termos a interpretação adequada do proferimento na sua totalidade – a filha de Maria primeiro casa *e então* tem filhos. Algo parecido acontece também no exemplo (55a). Precisamos enriquecer o significado da conjunção para "e então", pois de outra forma a comparação seria contraditória: *(p & q > q & p)* nunca será verdadeira, pois *(p & q = q & p)*, isto é (55a) e (55b) são semanticamente idênticas se não fizermos a implicatura. Temos de reforçar o significado da conjunção para vermos que os pares em (54-55) são pragmaticamente distintos.

(54) a. Se a sua filha casar e tiver filhos, a Maria vai ficar feliz.

b. Se a sua filha tiver filhos e casar, a Maria vai ficar feliz.

(55) a. Escovar os dentes e ir pra cama é melhor do que ir pra cama e escovar os dentes.

b. Ir pra cama e escovar os dentes é melhor do que escovar os dentes e ir pra cama.

Um pouco de Lógica Proposicional

Semântica da conjunção aditiva *e* e sinonímia lógica (equivalência)

De um ponto de vista lógico, uma sentença α qualquer será equivalente a outra sentença β qualquer se e somente se ambas forem verdadeiras nas mesmas situações.

É fácil perceber que esse é o caso da conjunção aditiva. Considere este exemplo:

(i) Machado de Assis escreveu *Dom Casmurro* e nasceu no Rio de Janeiro.

(ii) Machado de Assis nasceu no Rio de Janeiro e escreveu *Dom Casmurro*.

Intuitivamente, se as sentenças que compõem (i) são verdadeiras, a sentença (ii) também será, pois ela é constituída das mesmas sentenças. Então, podemos concluir que a ordem das orações não afeta o valor de verdade da conjunção. Isto é:

(iii) $\alpha \ \& \ \beta \equiv \beta \ \& \ \alpha$

É mesmo uma contradição se não fizermos a implicatura em (55)?

Vejamos a definição:

Contradição: uma sentença é contraditória se não existe situação no mundo em que ela é verdadeira.

Para que uma sentença comparativa seja verdadeira, podemos supor que ela seja uma relação entre dois tipos de entidades quaisquer no mundo, e que a partir da escala dada pelo termo comparante possamos visualizar como essas entidades se localizam. Assim:

(iv) *x é mais A do que y* é verdadeira se e somente se "x está acima de y na escala de A".

Se o que vimos acima está correto, se α & β é equivalente a β & α em termos de condições de verdade (elas são vericondicionalmente sinônimas), também podemos supor que uma comparação da forma α & β > β & α seja contraditória, pois nunca haverá uma situação no mundo em que tal comparação seja verdadeira. Afinal *A é melhor do que B* se e somente se A estiver acima de B na escala de qualidade, mas como A e B são duas proposições equivalentes vericondicionalmente, não existe situação possível em que A seja melhor do que B.

Esse fenômeno nos obriga a repensar a organização da interação entre os níveis semântico e pragmático. Se a Semântica é responsável pela determinação da proposição (ou o dito) e a Pragmática pelo significado do falante (o implicado conversacionalmente), precisaríamos de um nível intermediário que permita que inferências necessárias para a determinação da proposição ocorram. A interação entre Semântica e Pragmática poderia ser esquematizada assim:

- Modelo griceano:

Semântica	=>	Pragmática
Proposição	=>	Implicatura
(conteúdo semântico)		(conteúdo pragmático)

- Modelo levinsoniano:

Semântica1: conteúdo semântico que precisa ser enriquecido, que ainda não pode ser julgado como verdadeiro ou falso;
Pragmática1: implicaturas que contribuem para determinar o conteúdo semântico;
Semântica2: conteúdo semântico enriquecido com implicaturas generalizadas (se preciso);
Pragmática2: implicaturas que precisam da proposição completa para ser inferidas.

Note que as implicaturas intrometidas aparecem no estágio "Pragmática1".

PARA CONHECER **Pragmática**

Essa não é a única proposta de revisão do modelo griceano tradicional dentro de uma perspectiva que pressupõe uma Semântica de condições de verdade. Há outras propostas e muitos autores têm repensado a caracterização do fenômeno tal como proposto inicialmente. Na próxima seção, veremos uma abordagem ainda mais radical, que nega que precisemos de algo como máximas ou princípios para lidar com o fenômeno das implicaturas.

2.2 A Teoria da Relevância

A Teoria da Relevância, desenvolvida por Dan Sperber e Deirdre Wilson, se baseia em alguns pressupostos que a distanciam da abordagem do modelo griceano. Ela possui dois princípios básicos: o Princípio da Relevância e o Princípio Comunicativo da Relevância. Além disso, a teoria tem uma preocupação explícita com a realidade cognitiva das suas hipóteses, o que a torna uma abordagem em que elas podem ser testadas experimentalmente.

Vejamos o primeiro princípio.

- *Princípio da Relevância*: a cognição humana tende a maximizar a relevância.

Grice definiu a máxima da relação apenas como "seja relevante", uma definição vaga. Nessa abordagem, um *input* qualquer (advindo de algum órgão da percepção) será relevante cognitivamente quando produz um "efeito cognitivo positivo". Aqui as palavras dos autores da abordagem nos ajudam a compreender o que eles entendem que o conceito deva explicar:

> Quando um *input* é relevante? Intuitivamente, um *input* (uma visão, um som, um enunciado, uma memória) é relevante para um indivíduo quando ele se conecta com informação de background disponível, de modo a produzir conclusões que importam a esse indivíduo: ou melhor, para responder uma questão que ele tinha em mente, aumentar seu conhecimento em certo tópico, esclarecer uma dúvida, confirmar uma suspeita, ou corrigir uma impressão equivocada. (Wilson e Sperber, 2005: 223)

Grice destacava que um dos aspectos centrais da compreensão de enunciados com algum implícito é o reconhecimento de intenções. Como as línguas humanas não são códigos em que tudo é definido com extrema precisão, na nossa fala cotidiana usamos expressões vagas, indeterminadas, orações com elipses, ambiguidades de várias naturezas, elementos dêiticos, pressupostos e outros tipos de implícitos, e, por isso, um aspecto que a teoria destaca enormemente é a nossa capacidade de ler intenções, também chamado de "teoria da mente". Em outros termos, ler intenções envolve a capacidade de se colocar no lugar do outro, do falante, e imaginar o que ele quis dizer ao usar a formulação linguística que usou. Além disso, o que é relevante não é um valor absoluto, depende da junção do valor positivo do estímulo e a da intenção do falante em relação ao contexto e aos objetivos do ato comunicativo.

A segunda noção importante na teoria é a seguinte, que traz a noção de "presunção de relevância ótima", definida a seguir. Note que essa noção traz duas cláusulas, cada uma voltada para um participante de um ato de interação verbal.

- *Princípio comunicativo da relevância*: todo estímulo carrega a presunção de sua relevância ótima.

- *Presunção da relevância ótima*
  a. Um estímulo ostensivo é relevante o suficiente para merecer o esforço de processamento do ouvinte.
  b. É o mais relevante, considerando as habilidades comunicativas e preferências do falante.

Com base nessas noções, o processo de compreensão de um proferimento partiria do princípio do menor esforço cognitivo: compute o que for mais simples primeiro, como definido a seguir:

- *Procedimento de compreensão à luz da relevância*
  a. Siga um caminho de menor esforço no cômputo de efeitos cognitivos: teste hipóteses interpretativas (desambiguações, resolução de referências, implicaturas etc.) em ordem de acessibilidade.
  b. Pare quando suas expectativas de relevância forem satisfeitas.

De modo mais detalhado, o processo se dá nos seguintes termos, considerando que os elementos básicos para se fazer a inferência são o proferimento, o contexto e a nossa tendência a maximizar a relevância (buscando efeitos positivos: se o falante disse x, x então é relevante na situação).

(56) Subtarefas no processo global de compreensão
  a. Construção de uma hipótese apropriada sobre o conteúdo explícito (EXPLICATURAS) por meio da decodificação, desambiguação, resolução de referência e outros processos de enriquecimento pragmáticos.
  b. Construção de uma hipótese apropriada sobre suposições contextuais pretendidas (PREMISSAS IMPLICADAS).

PARA CONHECER **Pragmática**

    c. Construção de uma hipótese apropriada sobre implicações contextuais pretendidas (CONCLUSÕES IMPLICADAS).

Aqui temos alguns conceitos novos que se distanciam da teoria da visão griceana tradicional. Para Grice, fenômenos como a fixação dos referentes de elementos dêiticos ou a resolução de ambiguidades eram ainda "semânticos", pois determinavam o dito. Veja que na resolução de uma ambiguidade ou diante de uma palavra polissêmica, o falante se depara com um único "sinal" linguístico que está associado a diferentes conteúdos. Para a Teoria da Relevância, a seleção desse conteúdo adequado é guiada pela relevância e pela conexão com o contexto. Premissas implicadas são aquelas assunções ou pressupostos de conhecimento geral. Se você me convida para ir ao cinema e eu digo que não posso porque estou sem dinheiro, uma premissa implicada é o conhecimento geral de que precisamos de dinheiro para ir ao cinema. As conclusões implicadas estão bem próximas das implicaturas conversacionais, embora essas noções não se recubram totalmente.

Vejamos o exemplo (57) para ilustrar esse processo. A interrogação de Pedro, na medida que pede uma resposta a Maria, cria a expectativa de que essa resposta supra a dúvida dele em relação à dívida de João com Maria. Na resposta dela, além da negativa, temos uma justificativa, "ele esqueceu de ir ao banco". Veja que não há explicitamente nenhum nexo entre essas duas coisas. Supor que ele ter esquecido de ir ao banco é uma justificativa ou explicação para não ter pagado sua dívida é uma inferência conversacional. A teoria precisa explicar, então, como chegamos a esse significado.

(57)   Pedro: O João devolveu o dinheiro que ele devia a você?
        Maria: Não. Ele esqueceu de ir ao banco.
        Inferência: João não pagou Maria porque esqueceu de ir na agência bancária.

Os passos a seguir explicitam como a inferência é "calculada". Esses passos não são necessariamente sequenciais, nem precisam ser encarados como uma "dedução lógica" ou uma prova real.

(57')

a. Maria: Ele esqueceu de ir ao banco. [ele_x esqueceu de ir ao $banco_1$] [ele_x esqueceu de ir ao $banco_2$] [$banco_1$: agência bancária] [$banco_2$: local para se sentar]	Proferimento e material linguístico
b. (a) é relevante para a pergunta feita por Pedro	Expectativa criada na medida em que Maria responde a Pedro
c. (a) é relevante pois explica a resposta negativa	Expectativa gerada por (b)
d. Esquecer de ir ao $banco_1$ faz com que não se possa pagar o que se deve	Premissa implicada
e. João esqueceu de ir ao $banco_1$	Explicatura
f. João não pagou Maria porque esqueceu de ir ao $banco_1$	Conclusão implicada a partir de (d) e (e)
g. João vai pagar Maria quando for ao $banco_1$	A partir de (f) e conhecimento de *background*

A Teoria da Relevância, assim como Levinson (2000), assume que há processos pragmáticos que contribuem para a determinação do que é o dito, isto é, do conteúdo semântico. Levinson assumia que esses processos inferenciais eram um tipo de implicatura (implicaturas conversacionais generalizadas). A teoria que estamos apresentando vai ter uma visão diferente do fenômeno, propondo uma divisão entre dois tipos de processos, as explicaturas e as implicaturas (ou conclusões implicadas). Vejamos a seguir com mais detalhe exemplos desses processos inferenciais.

PARA CONHECER **Pragmática**

• *Explicaturas e implicaturas*

Grice sugeriu um retrato um tanto simplificado da distinção entre o conteúdo semântico e o pragmático. A Semântica seria responsável pelo dito (as condições de verdade) e a Pragmática pelas implicaturas, o que nos dá um modelo de dois níveis: as inferências são feitas a partir do conteúdo semântico das sentenças. Ou seja, a Pragmática toma como entrada o conteúdo semântico (qualquer que seja ele na sua teoria favorita: condições de verdade, conceitos numa língua mental, ou mentalês etc.) e nos oferece uma interpretação do proferimento que explicita o que o falante quis dizer. A Teoria da Relevância vai questionar essa divisão e propor que aspectos que contribuem para o estabelecimento desse conteúdo (resolução de ambiguidades e elipses, dêixis etc.) são fenômenos pragmáticos e não semânticos. Isso quer dizer que o processo de inferência pragmática deve ser explicado de outra forma. Como chegamos ao conteúdo semântico e como inferimos as implicaturas?

A teoria vai introduzir uma noção nova (com a qual já cruzamos brevemente um pouco antes), chamada de **explicatura**, para lidar com os casos de resolução de ambiguidades, estabelecimento de referentes, preenchimento de categorias apagadas ou ocultas e outros fenômenos que tradicionalmente são vistos como de interface ou de intromissão pragmática. Vejamos o caso do diálogo abaixo, como ilustração.

(58)　Situação: O falante liga para o escritório de João
　　　A: Poderia me dizer se o João está por aí hoje?
　　　B: Claro. Ele está aqui.

Considerada em isolamento, a sequência *ele está aqui* não expressa algo que possa ser verificado como verdadeiro ou falso, pois é uma fórmula aberta, na linguagem dos lógicos: "x está em y". Assim, para sabermos se ela é verdadeira ou falsa, temos que preencher os valores das variáveis x e y para, então, sabermos do que estamos falando, isto é, "*João* está no *escritório*", que, do ponto de vista semântico, é verdadeira se e somente se João estiver no escritório. Mas note que a determinação no valor de *ele* e de *aqui* depende de uma espécie de apontamento: o valor que o falante atribui à referência desses elementos dêiticos, na suposição de que o ouvinte será capaz de encontrar a referência deles de modo adequado. Isto é, que *ele* se refere a uma entidade de gênero masculino e número singular saliente no discurso (pode ser o tema ou tópico conversacional) e que *aqui* é um espaço físico em que o falante se encontra, mas não o ouvinte, e que pode ser o espaço delimitado pelo escritório.

102

Agora vejamos outro exemplo, que nos ajudará a separar os dois tipos de inferências. No diálogo (59), suponhamos que B comunique duas coisas, como vemos em (59a) e (59b). A pergunta do falante A traz como expectativa uma resposta positiva ou negativa (ele está contente ou ele está descontente). Também vamos supor que reprovar seja motivo para descontentamento, nos levando a inferir que ele não está feliz.

(59)   A: Como Gustavo está se sentido nesse primeiro semestre na universidade?

        B: Ele não alcançou a média para aprovação e reprovou numa disciplina.

        a.   Gustavo não alcançou a média para aprovação e, consequentemente, Gustavo reprovou numa disciplina.

        b.   Gustavo não está feliz.

A primeira inferência, em (59a), nos leva a supor que a causa da reprovação foi Gustavo não ter alcançado a média para aprovação. Já vimos que a relação de causa não é o significado semântico da conjunção *e* e que o estabelecimento dessa relação é um tipo de inferência que precisa ser explicado. Para a Teoria da Relevância, essa inferência é também uma explicatura, pois ela surge automaticamente e serve para delimitarmos o conteúdo semântico do proferimento (tradicionalmente, seria uma implicatura conversacional generalizada). A inferência em (59b), por sua vez, seria uma implicatura, pois ela é uma inferência que não depende apenas do conhecimento linguístico, do conhecimento de mundo (que reprovações causam descontentamento), mas também envolve intenções. A fala de B não é a maneira mais direta de responder ao que o falante A questionou. Contudo, na medida em que B comunica o que comunicou, A vai tomar essa contribuição como positiva, ou seja, como relevante. Portanto, B está comunicando algo sobre o estado de ânimo de Gustavo.

Outro fenômeno que envolve alguma forma de complementar de conteúdos semânticos é o chamado **enriquecimento livre**. Essa noção é usada para se tratar de fenômenos que envolvem a inserção de informações contextuais no conteúdo de uma sentença, informações que não são derivadas de aspectos da forma linguística usada, mas apenas do contexto. Ele é dito "livre" porque pode ocorrer ou não e também não parece ser derivável por algum cálculo inferencial, como alguma exploração das máximas griceanas. Vejamos os exemplos a seguir, que revelam acréscimos ou "enriquecimentos" (entre colchetes) que são feitos através de elementos contextuais.

PARA CONHECER **Pragmática**

(60) a. Vai levar algum tempo pra curar essa ferida. [vai levar muito tempo]
      b. Eu tomei banho. [hoje]
      c. Está chovendo. [no local em que estão falante e ouvinte]
      d. A Maria terminou com o Cláudio e ele ficou deprimido. [como consequência]

(60a) não é informativa, pois é uma verdade autoevidente (qualquer coisa demora algum tempo, especialmente uma situação que envolve mudança de estado). Portanto, a inferência é de que o falante está fazendo uma atenuação e que a cura vai levar muito tempo ou mais tempo do que o desejado. (60b) ou (60c) são, respectivamente, temporal e espacialmente indeterminadas: é provável que todo ser humano tomou banho em algum momento na vida (imagine a pergunta relevante: "Você já tomou banho?") e é praticamente impossível que não exista nenhum lugar na Terra que não esteja chovendo no momento em que escrevemos este texto ou no momento em que você nos lê (imagine que a interrogativa no contexto seja: "Será que está chovendo?").

Nesse aspecto, não existiria uma diferença significativa entre o chamado enriquecimento livre e a explicatura, mesmo que as sentenças em (60) possam receber um determinado valor de verdade em algumas situações.

A resolução de ambiguidades é também um caso de explicatura nessa teoria. Como nos exemplos anteriores, ela é o processo de selecionar no contexto informações que preencherão ou definirão um conteúdo semântico. Como no exemplo visto em (57), um dos passos na interpretação envolvia escolher uma das interpretações relevantes de *banco*, na medida em que esse significado era relevante em relação aos propósitos da troca conversacional.

Outra instância de explicatura é a **saturação**. Podemos supor que o contexto colabore para que o conteúdo semântico de (61a-b) seja saturado de modo a termos conteúdos como em (62a-b), isto é, as suas respectivas explicaturas. Pois, como vimos, sem essa inserção de conteúdos, não podemos atribuir um valor de verdade às sentenças em (61).

(61) a. Esse trabalho está muito extenso. [para o quê?]
      b. Dipirona é melhor pra dor. [do que o quê?]
(62) a. Esse trabalho está muito extenso [para uma dissertação de mestrado].
      b. Dipirona é melhor pra dor [do que paracetamol].

Um último caso de explicatura é o chamado **ajuste conceitual**. Vejamos os exemplos a seguir, que poderiam ser tomados como usos "frouxos" ou

104

"vagos" das expressões. A sentença (63a) pode ser verdadeira mesmo que ainda tenha alguma coisa para se comer na geladeira; o que normalmente dizemos com (63a) é que não tem nada que gostaríamos de comer naquele momento na geladeira. O formato geográfico da península itálica se parece muito com uma bota, mas não é, em si, uma bota. O mesmo podemos dizer de outras metáforas como (63c).

(63) a. Não tem nada pra comer na geladeira.
 b. A Itália é uma bota.
 c. Ricardo é uma máquina.

A Teoria da Relevância questiona as implicaturas que Grice estipulou, que seriam baseadas na violação da máxima da qualidade. Veja que (63a) seria um proferimento falso (pois há coisas na geladeira) e os casos de metáforas em (63b-c) são falsidades categoriais. Nessa perspectiva, não é como se o falante tivesse violado a máxima deliberadamente na expectativa de que o ouvinte seja capaz de interpretar adequadamente a intenção do falante. Aqui também a interpretação seria guiada pelo princípio da relevância. Embora não desenvolvam esse tema nesse texto em particular, Wilson e Sperber (2005: 242) entendem que a metáfora e outras figuras de linguagem similares são "meramente rotas alternativas para a obtenção de relevância ótima". Além disso, os autores argumentam que a visão de Grice está presa a uma visão da retórica clássica sobre esses fenômenos, assim, desconectada de como a cognição de fato lida com o processamento dessas figuras e outros tropos semânticos. Afinal, até que ponto é psicologicamente realista que um falante comunicaria algo que ele sabe ser falso na expectativa de que o ouvinte reconheça essa exploração da máxima da qualidade?

Para encerrarmos essa breve apresentação da teoria, gostaríamos de comparar rapidamente os tratamentos de uma implicatura generalizada. Do ponto de vista tradicional, implicaturas escalares envolvem a consideração de alternativas de informatividade, como nos exemplos a seguir, com numerais e quantificadores. Em (64b-65b) temos o que seria a explicatura. Já vimos que, de modo geral, elas parecem ser algum tipo de reforço ao conteúdo semântico, conteúdo que é inferido pelo contexto e por princípios conversacionais de relevância. No caso de implicaturas escalares, podemos supor que a cláusula (b) da presunção da relevância ótima esteja atuando (o falante comunica o que é capaz de comunicar otimamente). Ou seja, se ele não informou a alternativa que seria informativamente mais forte, o ouvinte pode inferir que ela não

PARA CONHECER **Pragmática**

é relevante. Essa explicatura não é exatamente o mesmo conteúdo inferível, dado que pelo sistema de Levinson, por exemplo, tomando o princípio Q (o que não é dito não é o caso), a inferência conversacional é a negação da alternativa mais forte. Além disso, neogriceanos precisam assumir que essa inferência parte de um dito que deve ser algo como vemos em (64c-65c).

(64) a. João tomou duas cervejas.
 b. Explicatura: João tomou exatamente duas cervejas.
 c. Conteúdo semântico: João tomou pelo menos duas cervejas.
 d. Implicatura generalizada: João não tomou mais do que duas cervejas.

(65) a. Alguns professores foram vacinados.
 b. Explicatura: Alguns e não todos os professores foram vacinados.
 c. Conteúdo semântico: Pelo menos alguns (e talvez todos os) professores foram vacinados.
 d. Implicatura generalizada: Nem todos os professores foram vacinados.

Ou seja, para a Teoria da Relevância, um enunciado como (64a) deve gerar dois tipos de explicatura: i) João tomou pelo menos duas cervejas; ii) João tomou exatamente duas cervejas. A primeira acomoda o uso da expressão em situações que permitem inferências de que outras quantidades acima de dois são também relevantes, enquanto a alternativa (ii) acomoda as situações em que temos a interpretação "matemática" do numeral.

Neste capítulo, vimos a caracterização das implicaturas conversacionais através do trabalho do filósofo P. H. Grice, bem como alguns exemplos típicos. Também vimos duas abordagens alternativas do fenômeno. Os neogriceanos e a Teoria da Relevância são duas perspectivas muito influentes e quem quer que deseje se aprofundar na compreensão desse tipo de inferência nas línguas naturais precisa entrar em contato com elas. Embora muito sucinta, esperamos que nossa apresentação tenha oferecido ao leitor fundamentos para que possa buscar novas fontes.

Leituras sugeridas

Ler os textos de H. P. Grice (1989) é uma forma de entrar em contato com as ideias do filósofo em primeira mão, mas se você ainda não se sentir seguro, o verbete "Implicature" na *Stanford Encyclopedia of Philosophy* pode ser um bom início. Além disso, em português já estão surgindo novas apresentações e introduções ao campo da Pragmática, como Pires de Oliveira e Basso (2014), que se concentram em implicaturas trazendo estudos sobre cada um dos seus tipos, além de uma discussão sobre a atual compreensão das implicaturas convencionais. O capítulo sobre implicaturas de Levinson (2007) continua sendo leitura obrigatória para quem quer se iniciar na área. Goldnadel (2019) é um capítulo de onde retiramos alguns exemplos e que também apresenta didaticamente a diferença entre sentença, proposição e implicatura.

Além desses, duas introduções são influentes na área hoje: Birner (2013) e Huang (2014), que, como fizemos aqui, também trazem avanços recentes no estudo das implicaturas, especialmente os neogriceanos e a Teoria da Relevância. Sobre essa Teoria, há uma tradução no português de Wilson e Sperber (2005). Além disso, sobre as duas abordagens discutidas aqui, as referências fundamentais são Levinson (2000) e Sperber e Wilson (1996). Outra apresentação em português é o artigo de Feltes e Silveira (2006), publicado em Perna, Goldnadel e Molsing (2016), uma coleção de textos que dá um panorama do campo e das pesquisas realizadas no país. A discussão sobre enriquecimento livre – cuja discussão mais profunda é feita por Recanati (2003) –, saturação e outros fenômenos pela ótica da Teoria da Relevância se baseia em Carston (2004b).

Exercícios

1. Usando o raciocínio griceano típico, faça o cálculo das implicaturas dos exemplos a seguir, identificando qual máxima está envolvida em cada caso.
A: O João é bonito?
B: Ele é simpático.
1.1) Suponha que falante e ouvinte estejam em São Paulo e que A é alguém que gosta de saber os detalhes das coisas.
A: Onde você costuma passar as férias?
B: No litoral catarinense.
1.2) O palestrante já está falando por mais de uma hora e ainda não lhe ofereceram nenhum copo d'água.
Palestrante [após pigarrear]: Não sei a de vocês, mas a minha garganta já secou.
1.3) O falante está com muita fome e diz:
Eu estou morrendo de fome.
1.4) Mãe: Você limpou a casa como eu pedi?
Filho: Eu arrumei a minha cama.

PARA CONHECER Pragmática

2. O pretérito imperfeito parece gerar inferências como as que seguem. Essas inferências são acarretamentos ou implicaturas? Discuta.

   a. Eu amava Maria, quando casamos.

   Inferência: Eu não a amo mais.

   b. Eu gostava de ler Paulo Coelho, na minha adolescência.

   Inferência: Eu não gosto mais de ler Paulo Coelho.

3. Identifique qual é a implicatura conversacional generalizada e qual é a particularizada. Justifique. [adaptado de Huang, 2007]

   a. João: Como foi a palestra que você deu ontem?

   Maria: Alguns professores do departamento saíram antes de terminar.

   => (a) Nem todos os professores do departamento saíram antes de terminar.

   => (b) A palestra não foi boa.

4. Nos casos abaixo vemos alguma implicatura escalar?

   a. Qual é a implicatura?

   b. Qual seria a escala?

   c. Descreva o raciocínio envolvido na inferência.

   i) Muita gente gosta de cerveja de trigo.

   ii) O Marcos tem dois filhos.

   iii) Hoje pode chover.

   iv) O Luiz está na secretaria ou no seu gabinete.

5. Há situações em que a implicatura não surge, dependendo da questão presente no contexto. Diga em que situações ela parece ser cancelada. Discuta.

   a. A: A Maria dançou com o Pedro ou com o Márcio?

   A': Por que a Maria está tão feliz?

   B: A Maria dançou com o Pedro.

   b. A: Como a sua turma se saiu na prova?

   A': Por que você está chateada?

   B: Alguns alunos foram muito mal na prova.

6. Qual é a inferência que podemos fazer no diálogo a seguir? Que máxima pode estar envolvida nesse cálculo? [Adaptado de Ilari (2001: 97)]

   Contexto: a sequência abaixo é um diálogo entre um juiz e uma ré durante uma audiência no tribunal.

Juiz: A senhora passou alguma vez a noite com este homem em Balneário Camboriú?

Ré: Eu me recuso a responder a essa pergunta!

Juiz: A senhora passou alguma vez a noite com este homem em Florianópolis?

Ré: Eu me recuso a responder a essa pergunta!

Juiz: A senhora passou alguma vez a noite com este homem em Garopaba?

Ré: Não!

7. Qual é a implicatura dos enunciados abaixo e que princípio proposto por Levinson (Q, I e M) está envolvido?

   a. O Pedro esqueceu o livro dele.

   b. O seu trabalho ficou parecido com o solicitado no pedido.

   c. O João está na sala ou no escritório.

   d. O disparo da arma causou a morte do suspeito.

8. Por que, nos exemplos abaixo, a implicatura precisa ser calculada para que tenhamos as condições de verdade intuitivamente corretas das sentenças? Que princípio de Levinson poderia explicar essa inferência?

   a. Dirigir até em casa e tomar 3 cervejas é melhor do que tomar 3 cervejas e dirigir até em casa.

   b. Se cada time fizer 3 gols, então temos um empate.

9. Como seria uma explicação dentro da Teoria da Relevância para os casos abaixo? Você consegue identificar as premissas implícitas e as implicaturas?

   a. Caro Sr. Arthur,

   Declaro que o Sr. X foi um excelente aluno. Além de ter uma caligrafia lindíssima, nunca foi preso.

   Sem mais, coloco-me à disposição.

   Prof. Dr. Fulano de Tal

   b. Contexto: suponha que A e B estejam escutando o disco *Powerslave*, do Iron Maiden.

   A: O que você tá achando desse disco?

   B: Eu não gosto de heavy metal.

   c. Contexto: A e B conversam sobre uma coletânea que B está editando.

   A: Meu conto foi aceito na antologia?

   B: Seu texto era muito longo.

ATOS DE FALA

Objetivos do capítulo

- Apresentar a caracterização dos atos de fala de John Austin.
- Apresentar a classificação dos atos de fala de John Searle.
- Apresentar e discutir alguns fenômenos empíricos, como a relação entre o modo sentencial e a força ilocucionária e os atos de fala indiretos.
- Introduzir os fundamentos da Teoria da Polidez e discutir alguns casos de atos de fala polidos e impolidos.

A compreensão contemporânea do fenômeno que discutiremos nesse capítulo também foi iniciada por um filósofo britânico, John L. Austin (1911-1960). No conjunto de aulas reunidas em *How to Do Things with Words*, ele propôs algumas distinções e noções para lidar com um conjunto de enunciados que até então eram negligenciados pela Filosofia da Linguagem (e pela Linguística), aqueles que não fazem descrições de estados de coisas no mundo, mas através dos quais agimos sobre o mundo e sobre os interlocutores. Na segunda seção deste capítulo, trataremos do aprofundamento que o tema recebeu através de um discípulo de Austin, o também filósofo John Searle (1932-). Além disso,

> O clássico de John Austin está traduzido para o português: *Quando dizer é fazer* (1990), mas faremos referência aqui à edição inglesa (1962).

PARA CONHECER **Pragmática**

discutiremos dois fenômenos que conectam esse tema com as implicaturas: a questão da força ilocucionária e os atos de fala indiretos. Na terceira seção, trataremos da polidez, que se conecta com os atos de fala na medida em que se preocupam em entender como nossos proferimentos expressam atitudes mais ou menos polidas, o que, certamente, nos abre uma porta para entendermos a variação sociocultural no uso linguístico.

1. QUANDO DIZER É FAZER

Ao estudarmos o funcionamento de uma língua, logo percebemos que uma quantidade grande de tempo é dispensada às sentenças declarativas. Mas sabemos que numa língua como o português, há também estruturas interrogativas, imperativas e exclamativas. Certamente fazer declarações sobre estados de coisas é uma função importante da linguagem (a função comunicativa), mas há um conjunto de proferimentos que não declaram nada sobre o mundo, aparentemente, como os que temos a seguir:

(1) a. Boa tarde!
     b. Onde está a caneta?
     c. Abra a janela, por favor!
     d. Ai, que preguiça!

Seria estranho declarar de (1a) que ela é verdadeira se e somente se está fazendo uma boa tarde ou, alternativamente, se o falante deseja sinceramente ao ouvinte uma boa tarde. Para interrogativas como (1b) também pode ser estranho perguntar como o mundo tem que ser para que essa sentença seja verdadeira (embora algumas teorias assumam que as condições de verdade de interrogativas seja o conjunto das respostas adequadas). E um pedido, como em (1c)? A sentença é verdadeira se e somente se o falante quer que o ouvinte abra a janela? Por fim, (1d) poderia ser analisada como descrevendo um estado físico do falante: a sentença é verdadeira se e somente se o falante está com preguiça. Apesar de podermos oferecer, pelo menos em teoria, uma análise em termos de condições de verdade para as sentenças em (1), parece que essa análise deixa escapar alguma coisa. Veja que (1d) não precisa ter intenção comunicativa alguma. Posso estar sozinho em casa, me jogar no sofá e proferir macunaimicamente essa sentença, enquanto escolho algum seriado para assistir numa plataforma de *streaming*. Ou seja, assumir que proferimentos desse tipo descrevem um estado de coisas soa contraintuitivo.

Austin nos convida a olhar para proferimentos que, diferentemente de descreverem um estado de coisas sobre o mundo, são formas de ação e modificam o mundo depois de enunciados. O exemplo (2a) corresponde ao ato de batizar um navio. Ele ocorre no momento em que a pessoa autorizada a fazê-lo (pode ser um padre ou uma autoridade) profere essas palavras. Além disso, existe uma tradição de se quebrar uma garrafa de champanha no casco como parte do ritual. No casamento católico, o proferimento de (2b) encerra o ritual do casamento. A partir daquele momento, o casal passa a estar unido perante a igreja. O proferimento de (2c) é a manifestação de um pedido de desculpas, mas exige o aceite da parte do ouvinte, que comumente pode responder com um enunciado do tipo *está desculpado*. Por sua vez, (2d) estabelece uma aposta, cujo funcionamento depende também do aceite do interlocutor.

(2)   a. Eu nomeio esse navio Rainha Elizabeth.
      b. Eu vos declaro marido e mulher.
      c. Me desculpe pelo atraso.
      d. Aposto 10 reais que vai chover amanhã.

Inicialmente, Austin propôs duas categorias de proferimentos. Os **constativos** são aqueles atos que descrevem estados de coisas no mundo, isto é, gramaticalmente são sentenças declarativas que podem ser julgadas como verdadeiras ou falsas. Por sua vez, os **performativos** são proferimentos que não correspondem a uma descrição de estados de coisas e, ao contrário, são formas de ação que o falante desempenha através do seu uso. Os performativos são os atos de fala típicos, no sentido em que entendemos que seu proferimento "faz" algo mais do que descrever um estado de coisas no mundo e comunicar esse estado a um interlocutor.

Uma diferença importante entre os dois tipos é que os performativos costumam estar ligados a certos rituais sociais (ligados a instituições ou não), embora não precise acontecer necessariamente. Batizar um navio antes da sua primeira viagem quebrando uma garrafa de champanha é um ritual antigo, e, segundo a crença de marinheiros, pode trazer má sorte caso não seja feito. Casar na igreja é um sacramento importante para certos grupos católicos, embora hoje exista também na nossa sociedade o casamento ou a união civil estável, que "legitima", digamos assim, a intenção de um casal em formar uma família, e o que isso acarreta em termos de direitos civis (heranças, pensões, benefícios salariais e de planos de saúde etc.). Por fim, o ato de se desculpar é um tipo de cortesia que se espera que alguém faça ao chegar atrasado para um compromisso, pois é a manifestação verbal de que o falante tem algum grau de empatia pela espera pela qual passou o ouvinte. Certamente o leitor pode perceber que nas nossas sociedades há várias outras formas institucionalizadas.

Note que, nos exemplos acima, as ações performadas estavam expressas no uso dos verbos na primeira pessoa: *nomeio, declaro, desculpe*. Há uma série de outros atos que requerem o uso de verbos dessa natureza para que sejam de fato as ações em questão, como vemos em (3). Num batizado católico, o sacerdote precisa enunciar as palavras *eu batizo* e ao mesmo tempo realizar as outras partes do ritual (despejar água sobre a cabeça da criança, passar óleo na testa e peito etc.). Ao final de um julgamento em um tribunal do júri, o juiz que preside a seção, após a decisão dos jurados, profere a sentença, que pode ser da forma como vemos exemplificada em (3b). No ato de promessa, muitas vezes só sentimos que o falante de fato está comprometido a fazer algo se ele de fato disser *eu prometo que x*; apenas o compromisso com uma frase como *não vou mais fazer isso* não aparenta ter a mesma força. Essa classe de performativos é chamada de **performativos explícitos**.

(3) a. Eu te batizo João Francisco.
b. Eu sentencio/condeno o réu a 10 anos de prisão em regime fechado.
c. Eu te prometo não fazer mais isso.

Por outro lado, podemos supor a existência de atos de fala em que o ato possa ser performado sem a presença de um verbo que nomeie o ato. Esses são **atos de fala implícitos**. O exemplo (4a) é um convite, mas é essencialmente uma pergunta que pode ser respondida com *sim* ou *não*. Veja que ela não precisa ser necessariamente um convite – imagine que o falante não se lembra direito se programou algo para sábado e está perguntando para a sua mulher se era isso que ela tinha em mente. Em (4b), o tipo de ato também é um tanto indeterminado. Um policial se dirigindo a um suspeito que está correndo está dando uma ordem. Já em (4c) algo similar acontece. Uma mulher pode proferi-la ao se sentir ameaçada por algum sujeito que a está seguindo ou lhe importunando, e esse proferimento funciona como uma ameaça. Note que em (4c) estamos diante de uma sentença no modo indicativo.

(4) a. Vamos jantar fora sábado à noite?
b. Pare imediatamente!
c. Eu vou chamar a polícia.

Isso nos estimula a olhar com mais cuidado para os aspectos gramaticais dos atos de fala. Tipicamente, performativos explícitos apresentam primeira pessoa do singular, verbo na voz ativa e no tempo presente do modo indicativo, como em (3). Há também atos de fala que podem ser executados pela primeira pessoa do plural, em um uso do plural majestático, em que o "nós" pode ser usado em nome de uma instituição ou por um grupo de indivíduos (como nos juramentos profissionais em formaturas de ensino superior), como em (5b), ou mesmo na terceira pessoa do singular, em que uma instituição assume o papel de agente, como temos em (5a).

(5) a. O sindicato repudia a manifestação do governo.
     b. Nós nos solidarizamos com todos os afetados pela cheia.

Mas há também exemplos de performativos com outras estruturas, sem um sujeito explícito (embora claramente sejam dirigidas aos usuários desses locais), como pedidos ou ordens no imperativo, como em (6a-b), ou mesmo no infinitivo, como em (6c-d).

(6) a. Dê preferência para quem estiver entrando.
     b. Antes de entrar, verifique se o elevador encontra-se parado neste andar.
     c. Não fumar.
     d. Tubulação de gás. Não cavar.

Veja, assim, que o imperativo e os atos de fala que expressa (pedidos/ ordens etc.) parecem ser uma estrutura gramaticalizada para a expressão desse tipo de ato de fala. Mas, como vimos, não é preciso, necessariamente, uma estrutura dessa natureza. Haveria, então, alguma forma de identificar esses atos?

Um teste sugerido por Austin é a inserção da expressão *por meio desta* ('*hereby*', no original), que, embora soe bem formal, não resulta em uma construção do ponto de vista estrutural.

(7) a. Por meio desta, eu nomeio esse navio Rainha Elizabeth.
     b. Por meio desta, eu vos declaro marido e mulher.
     c. Por meio desta, eu me desculpo pelo atraso.
     d. Por meio desta, eu aposto 10 reais que vai chover amanhã.

Esse teste também pode ser aplicado aos performativos implícitos, com os devidos ajustes, especialmente trazendo explicitamente o ato de fala que está sendo performado. De outra forma, sem adição do ato de fala explicitamente, o teste com o "por meio desta" geraria agramaticalidade, como vemos em (9).

PARA CONHECER Pragmática

(8) a. Por meio desta, eu te <u>convido</u> a jantar fora sábado à noite?
 b. Por meio desta, eu te <u>peço</u> que pare imediatamente.
 c. Por meio desta, eu te <u>advirto</u> que eu vou chamar a polícia.
 d. Por meio desta, <u>pedimos</u> que dê preferência para quem estiver entrando.
 e. Por meio desta, <u>pedimos</u> não fumar.
(9) a. *Por meio desta, pare imediatamente.
 b. *Por meio desta, eu vou chamar a polícia.
 c. *Por meio desta, dê preferência para quem estiver entrando.

Como contraste, note que constativos são anômalos com essa expressão, a menos que, como vimos anteriormente, o ato de fala esteja explícito, o que torna a sentença gramatical – compare os proferimentos em (10-11). Por esse teste, constativos também seriam um tipo especial de ato, uma conclusão inescapável do teste e do raciocínio de Austin, na medida em que supomos que os constativos são também atos declarativos. Contudo, para os efeitos do estudo dos atos de fala, a distinção entre performativos e constativos é uma categorização descritiva que é bastante útil.

(10) a. *Por meio desta, o gato está sobre o tapete.
 b. *Por meio desta, o navio se chama Princesa Izabel.
(11) a. Por meio desta, eu declaro/informo que o gato está sobre o tapete.
 b. Por meio desta, eu declaro/informo que o navio se chama Princesa Izabel.

Também podemos ter performativos sem qualquer elemento explícito que traga algum tipo de marca de pessoa, tempo ou modo, como em avisos que vemos nas casas em que se lê apenas *cão bravo* ou *cerca elétrica.* Ocasionalmente, avisos desse tipo também trazem *cuidado*, que enuncia, assim, explicitamente, que o sujeito que se aproximar deve ter cuidado com o cão bravo ou com a cerca elétrica.

Uma das características dos atos constativos é a sua relação com um estado de coisas no mundo, e um dos traços dos performativos é não descreverem estados de coisas. Assim, se performativos não podem ser avaliados como verdadeiros ou falsos, como os interpretamos?

• *Condições de felicidade*

Uma das motivações para a criação do conceito de atos de fala se deve ao reconhecimento de que há proferimentos que não descrevem estados de coisas

116

Atos de fala

no mundo e, portanto, não podem ser avaliados como verdadeiros ou falsos. Por isso, Austin sugere que os performativos sejam avaliados em termos de **condições de felicidade**. O que Austin tinha em mente com o conceito eram as condições que falante e contexto precisam preencher para que o enunciado cumpra seu objetivo e a mudança no mundo ocorra. O autor (Austin, 1962: 14-15) identificou três tipos de condições cuja violação torna o ato de fala 'infeliz':

A) i) Deve haver um procedimento convencional, com um efeito convencional, incluindo o proferimento de dadas palavras por dados sujeitos em dadas circunstâncias;

ii) As pessoas envolvidas e as circunstâncias devem ser apropriadas para a invocação do procedimento particular.

B) O procedimento deve ser executado por todos os participantes (i) completa e corretamente (ii).

C) Em geral

i) Os sujeitos envolvidos devem ter as intenções e sentimentos tais como especificados no procedimento; e

ii) Se há um comportamento subsequente especificado, os sujeitos envolvidos devem agir de acordo.

Austin divide as violações em dois conjuntos: **as falhas**, que envolvem algum problema com as condições em A e B, e **os abusos**, que estão relacionados com as condições em C. Em alguns círculos sociais mais formais e/ou ritualizados, certas palavras precisam ser ditas para que os atos de fala adequados sejam desencadeados. Imagine que um juiz, ao proferir a sentença, declare algo como *10 anos de jaula, malandro!* e não a fórmula usual *condeno o réu a 10 anos de reclusão em regime fechado*. Além de causar muito constrangimento, esse proferimento da sentença provavelmente levaria à anulação do julgamento. No plano das relações interpessoais, um pedido de desculpas só é um ato de fala de desculpas na medida em que o falante profere *me desculpe* ou *foi mal aí*, ou algo com conteúdo próximo disso. Esses são casos de falhas tendo considerado a cláusula A(i).

Agora, consideremos a cláusula A(ii). Imagine que um falso padre (não cursou teologia, não foi ordenado sacerdote etc.) esteja batizando crianças, realizando casamentos e conferindo outros sacramentos em uma pequena cidade. Seus atos são inválidos (independentemente de sabermos que ele é um falso padre). No serviço público, alguns atos administrativos só podem ser tomados pelo funcionário investido no cargo (chefe, diretor etc.), e esse estatuto é conferido por nomeações

PARA CONHECER **Pragmática**

publicadas em documentos públicos (*Diário Oficial da União*, dos estados etc.). As circunstâncias podem ser inadequadas se imaginarmos um tribunal do júri sendo realizado num restaurante, ou um juiz proferindo uma sentença no meio da rua e condenando à prisão alguém que fez algo de que ele não gostou. Podemos supor que mesmo que esteja testemunhando um crime, como um assalto, um juiz não pode proferir uma sentença; no máximo, talvez, dar voz de prisão ao assaltante.

A violação de alguma das cláusulas em C caracteriza um abuso. Na comunicação cotidiana podemos imaginar que uma promessa seja infeliz se não for feita com a sinceridade de ser cumprida. Uma ordem/pedido também será infeliz se o ouvinte não executar a ação solicitada (mas note que mesmo assim, uma ordem não obedecida não deixa de ser uma ordem). No caso de uma aposta, se o ouvinte não aceitá-la, a aposta não se concretiza.

Veja que uma falha impede que o ato de fala se concretize. Se algo ocorrer em relação às condições A e B, o ato de fala é infeliz. Contudo, no caso dos abusos, mesmo uma promessa feita sem a intenção de ser cumprida ainda é uma promessa, ou um pedido de desculpas feito de má vontade continua sendo um pedido de desculpas, e uma ordem não cumprida ainda assim é uma ordem.

Austin ainda vai refinar as falhas e rotular problemas no quesito (Ai) como 'má invocação' e as falhas em (Aii) como 'má aplicação'.

Veja que essas condições podem nos levar a uma indagação interessante: será que todo tipo de proferimento, independente do modo sentencial, está sujeito a alguma condição de felicidade?

Austin abandona a distinção entre constativos e performativos e sugere que, na verdade, mesmo os constativos são tipos especiais de atos de fala, atos declarativos. Um dos motivos que o levou a fazer essa suposição se deve ao fato de, aparentemente, constativos também estarem sujeitos a condições de felicidade. Podemos supor que enunciados declarativos estejam sujeitos a algo como a condição (Ci), o falante tem que ser sincero e/ou acreditar no que diz. Proferimentos como (12a), embora não sejam contraditórios, são infelizes. Ou seja, não podemos afirmar que o falante ao enunciar essa sentença proferiu algo falso. Outro exemplo são os pressupostos que o falante sabe que não existem. Imagine que alguém enuncie (12b) sabendo que Patrícia não tem carro. Aqui as intuições variam, pois as falhas pressuposicionais geram muita discussão (conforme foi visto no capítulo "Pressuposição"). Há quem defenda que (12b) é falsa se Patrícia não tiver um carro, e há quem defenda que (12b) é apenas infeliz, e, portanto, o seu valor de verdade é indefinido.

(12) a. Elvis morreu de parada cardíaca, mas eu não acredito.
     b. Patrícia foi buscar o carro dela na oficina.

Lembremos que Austin propôs um teste para identificação de performativos. Note que ele se aplica também a constativos apenas se tornamos o ato de fala explícito. Portanto, tais atos podem ser tomados, assim, como atos de fala declarativos ou assertivos.

(13) a. Por meio desta, declaro que plantei tomates.
     b. Por meio desta, afirmo que o almoço está pronto.
     c. Por meio desta, hipotetizo/prevejo que o homem nunca pisará em Marte.

Ampliando nosso escopo empírico, podemos supor que interrogativas também sejam um tipo especial de ato de fala. Numa interrogativa, o falante requer alguma informação que suspeita que o ouvinte tenha e ele, falante, sinceramente não tem. Interrogativas como (14), que envolvem algum elemento-qu, isto é, um pronome interrogativo, têm um conjunto mais amplo de respostas possíveis. No caso de uma interrogativa como (15), estamos diante de uma pergunta polar, e o conjunto de respostas é {sim, não}.

(14) a. Quem comeu o bolo?
     b. O que o menino comeu?
     c. Quando o menino comeu o bolo?
(15) Vamos jantar fora sábado à noite?

• *Os três momentos*

Outra conceituação importante proposta por Austin é a divisão dos atos de fala em três momentos, ou atos, assim definidos:

- **Ato locucionário**: a elocução de uma expressão linguística;
- **Ato ilocucionário**: o ato pretendido pelo falante ao enunciar, levado a cabo pela força convencional a que está associado, explícita ou implicitamente;
- **Ato perlocucionário**: o desencadeamento das consequências ou efeitos do ato nos ouvintes na circunstância em que o proferimento ocorre.

Grosseiramente, o primeiro ato corresponde à fala (ou a gestos, numa língua de sinais). O segundo ato é em geral nomeado convencionalmente, como viemos exemplificando ao longo desse capítulo com batismos, promessas,

PARA CONHECER Pragmática

ameaças, apostas, compromissos, ofensas, agradecimentos, parabenizações etc. O ato perlocucionário designa os efeitos que o ato ilocucionário desencadeia nos ouvintes ou na situação.

Exemplificando, podemos identificar num proferimento como *pegue um café pra mim!* esses três momentos:

- ato locucionário: o proferimento das palavras *pegue um café pra mim*, em que a sentença significa o que cada uma das suas partes significa convencionalmente;
- ato ilocucionário: o falante está pedindo ou ordenando ao ouvinte que pegue um café para ele;
- ato perlocucionário: o ouvinte toma uma atitude e obedece ou cumpre o pedido do falante.

Podemos perceber que os atos ilocucionários são mais fáceis de serem controlados pelo falante, enquanto os perlocucionários são mais dependentes dos ouvintes e da situação. Por exemplo, vimos que um pedido de desculpas depende da sinceridade de quem enuncia o pedido, mas também depende do ouvinte aceitar ou não as desculpas e expressar isso linguisticamente, como na situação em (16). Aqui A fez algo muito errado e pede desculpas a B, que replica como vemos abaixo. Ou seja, apenas sinceridade do pedido não garante sua felicidade, justamente porque apenas o ato ilocucionário não garante que o ato perlocucionário se seguirá.

(16) A: Me desculpa! Foi sem querer.
      B: Não desculpo! Isso é imperdoável.

Além disso, note que podemos concluir que o ato ilocucionário já está presente no significado convencional das palavras proferidas no ato locucionário. Pedidos no imperativo significam gramaticalmente que o falante está fazendo o ato ilocucionário de pedir/ordenar. As coisas ficam interessantes nos atos de fala implícitos, em que o ato ilocucionário expresso não pode ser interpretado apenas a partir da estrutura gramatical e/ou do modo sentencial.

Para dar um outro exemplo, embora tenha um certo grau de indeterminação, um proferimento como (17) pode ter algumas forças ilocucionárias, mas não qualquer uma. Imagine um professor advertindo um aluno que está consultando seus cadernos durante uma prova sem consulta; ou um garçom avisando um fumante que está a ponto de acender o seu cigarro dentro de um restaurante. O primeiro caso é uma reprimenda; o segundo é uma advertência

120

que pode ou não persuadir o interlocutor a não acender o cigarro. Isso pode levar o leitor a concluir que sentenças como (17) também poderiam ter gramaticalmente a interpretação de um ato ilocucionário de reprimenda/advertência. Não precisamos ter uma resposta para isso agora, embora, como veremos, Austin acreditasse que a resposta fosse afirmativa.

(17)   Você não pode fazer isso!

Por sua vez, o ato perlocucionário associado ao proferimento em (17) pode variar. O mais provável é que o aluno entenda que o professor está chamando a sua atenção e guarde seus materiais. O mesmo pode ser suposto na segunda situação. Mas podemos imaginar que no início dos anos 1990, quando se começou a proibir o fumo dentro de ambientes fechados, incluindo restaurantes, um fumante inveterado e petulante poderia ainda se sentir no direito de fumar após ter desfrutado da sua refeição (um costume habitual e socialmente aceitável até então) e, assim, simplesmente ignoraria a advertência do garçom.

Austin via como difícil a diferenciação entre os atos locucionários e ilocucionários, por um lado, e os ilocucionários e perlocucionários, de outro. Embora seja dele próprio essa distinção, acreditava que esse era um tema que precisava ser mais bem desenvolvido. Uma

> Austin estava preocupado justamente com a separação entre o conteúdo semântico (o conteúdo locucionário) e o conteúdo do ato de fala (o ato de fala expresso ou o ato ilocucionário). Essa é uma questão ainda mal resolvida em relação aos atos de fala. Falaremos mais dela na seção 2.2.

característica apontada para os atos ilocucionários é o fato de serem convencionais. Com isso o filósofo supunha que certos proferimentos estão ligados por força do código linguístico a certos atos, e não a outros quaisquer. No caso da distinção dos atos ilocucionários e perlocucionários, note que podemos usar a fórmula anterior para identificar o ato ilocucionário mas não o perlocucionário (cf. *eu por meio desta ordeno/peço/sugiro que...*), dado que seria estranho o falante replicar um pedido com algo como *eu, por meio desta, obedeço e vou buscar o seu café*, embora existam expressões mais ou menos formulaicas que cumpram a função do falante expressar a sua compreensão e aceitação da ordem/pedido, como em *seja feita a vossa vontade, seu pedido é um ordem, é pra já* etc. O fundamental aqui é entendermos que essas respostas não são atos perlocucionários, mas expressam que o falante compreendeu a força ilocucionária do ato que lhe foi dirigido e se comprometeu a levar a cabo as consequências do ato de fala, que é uma ação no mundo, não uma ação linguística.

PARA CONHECER Pragmática

Além disso, Austin propôs uma classificação dos atos ilocucionários em cinco classes, listadas a seguir:

1. Veritativos: apresentam uma descoberta, como sustentar, alegar.
2. Exercitivos: apresentar uma decisão, como apontar, ordenar, nomear, sentenciar.
3. Comissivos: o falante se compromete com algo, como dar a palavra, prometer, assinar um contrato.
4. Comportamentais: atitudes e condutas em direção ao outro, como se desculpar, cumprimentar, congratular.
5. Expositivos: ato de expor opiniões e visões, como argumentar, informar, se referir.

Uma crítica a essa classificação é que Austin parece dar muita importância aos atos ritualizados e os toma como casos padrão para analisar os outros atos, enquanto o uso linguístico cotidiano é que deveria ser tomado como caso principal. Como argumenta o filósofo P. Strawson (1964), os atos ilocucionários comunicam alguma intenção, não apenas manifestam que o falante está seguindo algum ritual institucionalizado/social. Por exemplo, um pedido de desculpas funciona na medida em que o ouvinte se sente capaz de desculpar e acredita na sinceridade daquele que pede as desculpas. Ou seja, mais do que manifestar a sua consciência de que fez ou disse algo que prejudicou o ouvinte de alguma forma e expressar isso, o pedido de desculpas funciona porque o falante comunica sua intenção de ser desculpado.

Nesse sentido, boa parte da pesquisa subsequente sobre os atos de fala tentará refinar e olhar com mais cuidado para esse balanço entre o aspecto ritualizado (ou convencional, como queria Austin) dos atos de fala e o reconhecimento de intenções, que parece ser fundamental para a correta compreensão de um bom número de atos de fala cotidianos. É desses estudos que trataremos na próxima seção.

2. DESDOBRAMENTOS

Aqui, vamos estudar as contribuições de John Searle, especialmente as questões relacionadas à classificação dos atos de fala e suas condições de felicidade, bem como a relação entre a força ilocucionária e seu estatuto. Afinal, de onde ela viria: é algo convencional, semântico? Ou é uma inferência

122

conversacional, pragmática? Também falaremos do estudo dos atos de fala indiretos, atos em que temos um desencontro entre o que o falante disse e o que quis dizer, isto é, entre o conteúdo semântico e o pragmático.

2.1 As condições de felicidade e a força potencial

John Searle propõe uma nova classificação dos atos de fala. Essa classificação tem como componente principal o ponto ilocucionário, que pode ser entendido como o que o falante quer fazer com o ato: comunicar um estado de coisas, se comprometer a uma ação futura, pedir ao ouvinte que faça algo, desejar algo ao ouvinte etc. Note que pedidos e ordens têm o mesmo ponto ilocucionário, mas o que fará a diferença entre os dois é o grau da força ilocucionária (cf. box "Os sete componentes da força ilocucionária (Searle e Vanderveken, 1985)", a seguir). É o ponto ilocucionário que diferencia a classificação dos atos de fala em cinco tipos. Vejamos:

1) **Atos assertivos**: declarações/afirmações (os constativos de Austin) através das quais o falante se compromete com a verdade do enunciado.

(18)   a. O dia está bonito.
      b. O Flamengo é o campeão brasileiro de 1987.

2) **Atos diretivos**: atos que levam o ouvinte a fazer algo. Exemplos típicos são *ordenar*, *pedir*, *solicitar*, *mandar*, *sugerir*, *aconselhar*.

(19)   a. Se beber, não dirija.
      b. Antes de entrar no elevador, certifique-se de que o mesmo encontra-se parado neste andar.
      c. Se for, vá na paz. (Placa indicativa na entrada da cidade de Bacurau, em filme homônimo)

3) **Atos expressivos**: expressam sentimentos, atitudes e estados psicológicos, como *agradecer*, *se desculpar*, *congratular*, *lamentar*.

(20)   a. Desejamos a todos um Feliz Natal e Próspero Ano Novo!
      b. Espero que este e-mail o encontre bem.
      c. Faça uma boa viagem!

4) **Atos comissivos**: expressam compromissos em relação a algum ato futuro, como *promessas*, *apostas*, *compromissos*, *ameaças*, *recusas* etc.

(21) a. Ou você faz o seu dever ou ficará sem jogar videogame.
      b. Volto em cinco minutos.
      c. Prometo que amanhã te devolvo o livro.

5) **Atos declarativos**: acarretam mudanças na realidade. Muitos dependem de instituições e/ou de rituais convencionalizados, como *batizar*, *nomear* algo, *sentenciar* um réu, *decretar* etc.

(22) a. Presidente da câmara dos deputados: Declaro aberta a seção.
      b. Chefe de órgão público: O reitor em exercício da Universidade X, usando as atribuições do seu cargo, considerando as leis tais e tais e os processos tais e tais, resolve: i) nomear Fulano de Tal para o cargo XY; ii) exonerar Ciclano do cargo ZW.

Outras duas propriedades importantes são a direção do encaixe e o estado psicológico expresso. No ato assertivo, o direcionamento é da linguagem para o mundo (a linguagem precisa estar de acordo com como o mundo é); e o estado psicológico envolvido é a crença do falante de que tal estado de coisas é o caso. Um caso oposto é o dos expressivos, em que não há propriamente nenhuma relação entre a linguagem e um estado de coisas, apenas a expressão de diversos "sentimentos" do falante. Se te desejo que faça uma boa viagem, não espero que as suas ações estejam de acordo com essa minha expectativa, mas de que nada de mal aconteça durante a jornada. Por sua vez, nos atos diretivos a relação é do mundo para a linguagem, no sentido de que esperamos que o mundo se conforme ao ato (isto é, que o efeito perlocucionário no ouvinte seja o esperado). Veja que em um pedido, o estado psicológico é a expectativa de que o falante faça o que foi pedido, assim fazendo o mundo se adequar à linguagem.

Os sete componentes da força ilocucionária
(Searle e Vanderveken, 1985)

1) O ponto ilocucionário: assertivo, diretivo, expressivo, comissivo e declarativo.
2) Grau de força do ponto ilocucionário: é o que diferencia um pedido de uma ordem; um compromisso de uma ação futura de uma promessa.
3) Modo de realização: condições que precisam ser preenchidas. Numa ordem, o falante deve ter algum grau de autoridade sobre o ouvinte; uma declaração difere de um testemunho pelo estatuto legal que o falante tem enquanto testemunha num processo.

4) Condições do conteúdo proposicional: as promessas devem se referir a uma ação futura; um pedido de desculpas deve ser em relação a fatos passados pelos quais o locutor é responsável.

5) Condições preparatórias: condições para que o ato seja bem-sucedido. Uma promessa funciona na medida em que o falante se compromete a fazer algo que será de benefício para o ouvinte; assim como um pedido de desculpas se vale da expectativa de que o falante reconhece o seu erro e reconhece o mal que causou no ouvinte.

6) Condições de sinceridade: diferentemente das condições preparatórias, essas condições dizem respeito ao estado psicológico, que é idêntico ao conteúdo semântico. Ao pedir que o ouvinte faça x, o falante expressa seu desejo de que o ouvinte faça x; se o falante deseja uma boa viagem ao ouvinte, o falante expressa que espera que o ouvinte faça uma boa viagem.

7) Grau de força das condições de sinceridade: é o que diferencia um pedido de uma súplica.

O principal problema dessa classificação é que ela é apenas um esforço de identificação de classes de forças ilocucionárias (ou de ações, mais do que de tipos de proferimentos), sem nos mostrar algo mais fundamental sobre as diferentes forças, que, potencialmente, são em número infinito. Outra crítica é que não há um cotejo entre essa classificação e as diferentes estruturas gramaticais típicas que gramaticalizam diferentes funções linguísticas, como as declarativas, as interrogativas, as imperativas e as exclamativas.

Searle também aprofunda a discussão sobre as condições de felicidade dos atos de fala. Para ele, performar um dado ato envolve obedecer às regras que o constituem. As regras podem ser divididas em quatro condições: a) conteúdo proposicional; b) condições preparatórias; c) condições de sinceridade; d) condições essenciais. Vejamos dois exemplos, os atos de prometer e pedir.

(23) Promessa

Conteúdo proposicional: a ação futura A do falante.

Condição preparatória: o ouvinte anseia que o falante faça A e acredita que ele o fará. Tudo correndo como o esperado, é claro para ambos que o falante fará A.

Condição de sinceridade: o falante pretende fazer A.

Condição essencial: o proferimento da promessa envolve o compromisso do falante em fazer A.

(24) Pedido

Conteúdo proposicional: a ação futura A do ouvinte.

Condição preparatória: i) o falante acredita que o ouvinte pode fazer A; ii) não é óbvio que o falante faria A a menos que se lhe peça.

Condição de sinceridade: o falante quer que o ouvinte faça A.

Condição essencial: o proferimento do pedido é uma tentativa de induzir o ouvinte a fazer A.

O conteúdo proposicional envolve o conteúdo semântico do ato de fala. No caso do pedido, é a solicitação para que o ouvinte faça alguma coisa e, no caso da promessa, é o comprometimento do falante em fazer algo em algum momento do futuro. Em relação às condições preparatórias, no caso da promessa, parece haver uma suposição entre falante e ouvinte de que o falante não fará o ato futuro a menos que se comprometa através do ato de fala. Por sua vez, no caso do pedido, o falante supõe que o ouvinte seja capaz de realizar a ação que lhe é solicitada. Se você está mais perto do saleiro que eu na mesa e eu te peço que me passe o sal, faço-o na suposição de que você seja capaz de fazer isso, além, claro, da suposição de que você não o faria a menos que eu pedisse, pois você não seria capaz de adivinhar do que eu preciso naquele momento. Em relação às condições de sinceridade, já vimos que Austin diria que estamos diante de um abuso se o falante não é sincero em relação à promessa (i.e., não tem intenção de cumpri-la). No caso do pedido, uma insinceridade seria algo muito estranho, como se o falante não quisesse que o ouvinte fizesse o que pede a ele. Por fim, as condições essenciais envolvem a intenção do falante de que o seu ato de fala seja compreendido com a devida força pelo ouvinte. Aqui é mais difícil surgir algum tipo de problema, a menos que o ouvinte tenha motivos para acreditar que o falante, mesmo ao pronunciar *eu prometo fazer x*, não cumprirá o prometido, ou que ao pedir (por ex.: *me dê, me alcance, faça tal coisa...*) o ouvinte não interpretará adequadamente o enunciado como uma solicitação para que ele faça algo. Também podemos imaginar situações de diferenças hierárquicas entre falante e ouvinte que colocam obrigações de diversas ordens entre um e outro (ex.: pais/filhos, chefe/subordinado etc.), em que o pedido da pessoa superior coloca imediatamente o indivíduo inferior na obrigação de cumprir o que se lhe pede.

A intenção em Grice

O sistema de cálculo de implicaturas de Grice se baseia – além da expectativa de que os interlocutores são agentes racionais e seguem o princípio da cooperação (mesmo quando violam alguma máxima) – num jogo de crença/desejo, expresso nesse trecho de "Lógica e conversação" (1982: 93), em que o autor apresenta alguns dos passos do cálculo de implicaturas (que vimos no capítulo "Implicaturas"):

> Ele **sabe** (e **sabe** que eu **sei** que ele **sabe**) que posso ver que a suposição de que ele **pensa** que q é necessária; ele não deu qualquer passo para impedir que eu **pensasse** que q; ele tem a **intenção** de que eu **pense**, ou pelo menos quer deixar que eu **pense** que q. [ênfase nossa].

Poderíamos assumir, numa visão griceana de comunicação, que mesmo um ato de fala assertivo também tenha a intenção de comunicar um estado de coisas P. Isto é, se declaro P, desejo que você tome conhecimento de que P é o caso. Em um ato de fala diretivo, ao proferir P, o falante deseja que o ouvinte execute a ação que P designa.

Essas duas importantes contribuições de Searle, a reclassificação dos atos e o desdobramento das condições de felicidade, têm sido o ponto de partida de novas tentativas de classificação dos atos de fala, seja na Filosofia ou na Linguística, inclusive do próprio Searle com colaboradores. Por exemplo, Searle e Vanderveken (1985) aprofundam as propostas anteriores e articulam mais explicitamente a classificação dos atos ilocucionários, a direção do encaixe e as diferentes condições objetivando explicar as diversas forças dos atos. Para eles, a distinção entre uma ordem e um pedido é o grau de força do ponto, pois uma ordem é mais forte do que um pedido e toda ordem é um pedido, mas nem todo pedido é uma ordem. Para dar mais um exemplo, pense na diferença entre se comprometer a fazer uma ação futura (dizendo apenas *te trago o livro amanhã*) e prometer (dizendo *prometo que te trago o livro amanhã*). Assim, uma promessa envolve um grau de engajamento bem maior do que a mera declaração da intenção de se realizar uma ação futura.

Por sua vez, os filósofos Bach e Harnish (1979) propõem um modelo de interpretação dos atos de fala que articula mais explicitamente os princípios de uma pragmática griceana (no sentido de que a interpretação das implicaturas envolve um jogo de intenções) e algumas assunções de pano de fundo (o *background* conversacional). De modo geral, essas assunções são tomadas

PARA CONHECER Pragmática

como as diferentes crenças que falante e ouvinte compartilham (não precisam concordar com elas, basta que saibam que um ou o outro acredita nelas). Considere a sentença em (25) adiante. Imagine que um homem diga essa sentença a um amigo. Na nossa cultura, é normal esse tipo de sentimento entre amigos. Agora suponha que uma mulher diga a mesma sentença para repelir as investidas amorosas de um amigo. Sabemos que na relação entre irmãos há afeto, carinho e amor, mas não relação sexual. Esse tipo de caso, para os autores, mostraria que não basta apenas o cálculo de intenções para interpretarmos adequadamente a força ilocucionária de um ato de fala (uma asserção ou uma recusa de um avanço amoroso). Nesse caso, o conhecimento de mundo exerce também um papel importante.

(25)   Eu te amo como a um irmão.

Essas abordagens não resolvem plenamente a questão, e a relação entre os diferentes modos sentenciais e a interpretação das diferentes forças ilocucionárias continua sendo tema de debate. É essa questão que veremos na seção seguinte.

2.2   A questão da força ilocucionária

Podemos assumir que as orações declarativas tenham como força típica um ato assertivo. Por sua vez, os imperativos gramaticalizam a força diretiva. Para os imperativos, determinar a sua força já não é algo tão simples. O fato é que há casos em que claramente distinguimos num ato de fala qual é seu conteúdo e qual é sua força (o ato de fala que pretende executar).

Em (26a), temos o verbo *prometer* na primeira pessoa do singular do presente do indicativo, que traz a força ilocucionária da promessa. Nesse exemplo, o conteúdo proposicional é algo como "o falante promete nunca mais se atrasar". Assim, compreender o conteúdo que um ato de fala carrega envolve entender a relação entre esses dois aspectos: a proposição e a força. Mas notemos algo importante aqui. Estamos diante de uma sentença declarativa no modo indicativo. Ao mudarmos o tempo, como em (26b), já não estamos mais diante de uma promessa, mas de um relato de uma promessa.

(26)   a. Eu te prometo nunca mais me atrasar.
       b. Eu te prometi nunca mais me atrasar.

128

Searle propôs o que veio a ser conhecido como a Hipótese da Força Literal. Segundo ela, a força ilocucionária já estaria presente no conteúdo semântico, seria determinada pela proposição, portanto. Os casos em que haveria um descompasso entre essa força literal e o ato de fala realmente expresso/pretendido pelo falante, seriam explicados via assunções gerais sobre o funcionamento da conversação (discutiremos com mais vagar na próxima seção sobre os atos de fala indiretos).

O estudo das sentenças imperativas é interessante para essa questão justamente porque é uma estrutura em que temos uma aparente gramaticalização para atos de fala diretivos (como pedidos ou ordens), embora esse modo possa expressar outras forças. (27aB) é uma permissão, (27b) é uma instrução, (27c) é um desejo e (27d) é uma ameaça. Talvez (27a) e (27b) possam ser interpretados como atos diretivos, mas (27c) está mais para um ato expressivo e (27d), para um comissivo, já que uma ameaça é um compromisso que o falante assume de tomar alguma atitude num momento futuro.

(27) a. A: Me dá um chiclete?
      B: Pegue.
   b. Cozinhe em fogo brando mexendo sempre até engrossar.
   c. Tenha um bom dia!
   d. Me toque de novo pra você ver!

Austin parece advogar por uma perspectiva mais "convencional" em relação a esse tema, ligando estruturas linguísticas a atos ilocucionários. Para Searle, todo ato de fala tem dois componentes, o conteúdo proposicional e a força ilocucionária, e mesmo que possamos ter um certo grau de indeterminação na força ilocucionária de uma sentença imperativa, essa força nunca é totalmente indeterminada. É essa a perspectiva que muitos linguistas assumiram para defender uma sintaxe e uma semântica diferenciadas para os modos sentenciais. Searle acreditava que em *João falou, João falou?* e *Fale, João!* teríamos o mesmo conteúdo, "João falou". Contudo, a posição contemporânea é que os diferentes modos sentenciais expressam diferentes conteúdos semânticos.

A semântica dos modos sentenciais

Tipo de sentença	Conteúdo semântico	Exemplos
Declarativa	Estado de coisas	João falou.
Interrogativa	Conjunto de respostas possíveis	João falou?
Imperativa	Ação futura do ouvinte	Fale, João.
Exclamativa	Expressão de sentimentos do falante	O João falou! Como o João fala!

Houve quem argumentasse também contra essa visão convencionalista, assumindo que o que nos permite compreender a força dos atos de fala é a suposição de intenções comunicativas. Mas, como vimos, a intenção sozinha não garante a felicidade de um ato de fala, pois há condições que precisam ser preenchidas.

Talvez Austin tenha colocado um peso muito grande nos atos mais "ritualizados", digamos assim, dependentes de instituições sociais. Na verdade, para Searle (e outros, posteriormente), os atos de fala dependeriam mais de reconhecimento de intenções do que certos jogos sociais ritualizados, em que a compreensão desses atos depende crucialmente de o falante dominar as regras de atuação social. Os casos emblemáticos seriam promessas, ameaças, ordens, pedidos etc. Talvez aqueles atos mais expressivos envolvam uma certa ritualização, pois somos ensinados a pedir desculpas, agradecer, cumprimentar quando chegamos, nos despedir quando saímos e assim por diante, como parte da cortesia de convivência social, embora, cumprimentar e se despedir não precisem tanto de "sinceridade" (um *bom dia!* será menos efetivo se o ouvinte não acreditar que o falante esteja de fato desejando um bom dia ao ouvinte?) quanto agradecimentos e pedidos de desculpas. É muito comum reclamarmos de pedidos de desculpas públicos que não revelam a sinceridade daquele que proferiu a ofensa (especialmente quando o ofensor se desculpa com algo como "eu não queria ofender ninguém", "sinto muito se vocês se ofenderam", que mostram que o falante não é capaz de reconhecer que há algo de errado no que disse e joga a responsabilidade numa interpretação não cooperativa do ouvinte, como se tivesse sido mal compreendido).

Strawson (1964) aponta que há casos em que não são as convenções sociais que garantem a interpretação ilocucionária adequada dos atos de fala. Pensemos em avisos, advertências ou previsões como *esse copo vai cair da mesa*. Estamos diante de uma sentença declarativa, que tem a força ilocucionária assertiva. Então, o que garante que ela possa ser usada como um aviso ou advertência? Um outro exemplo que o filósofo fornece é o ato da persuasão. Suponha que o falante deseje muito que o ouvinte fique em sua companhia mais um pouco, e então diz *não vai embora agora*, que pode ser entendido como um pedido ou uma súplica, e o ouvinte decide não ir. Poderíamos falar aqui que o ato de fala performado foi um ato persuasivo.

O filósofo lança mão da noção griceana de intenção para argumentar que a interpretação adequada de certos atos de fala depende muito mais do reconhecimento de intenções do que a obediência às condições ritualizadas impostas pela situação. Podemos supor que o proferimento de *esse copo vai cair da mesa* pode ser entendido não apenas como uma declaração, com um certo caráter preditivo por estar no futuro, porque o ouvinte pode supor que o falante não proferiria algo que ele próprio certamente deveria ser capaz de notar, mas se o falante o fez, o ouvinte pode concluir que ele o fez assumindo que o ouvinte ainda não tinha notado que o copo está muito perto da borda da mesa e os movimentos de braço do ouvinte podem vir a tocar no copo e fazê-lo cair.

Antes de finalizarmos esse tema, trataremos de um caso especial (e talvez mais radical) de desacordo entre estrutura gramatical e força ilocucionária: os atos de fala indiretos.

2.3 Atos de fala indiretos

Vimos que embora tenhamos forças convencionalmente associadas a certos modos sentenciais, em alguns casos ela é indeterminada. O problema todo é que um imperativo não expressa apenas ordem, e uma interrogativa pode ser usada para outras coisas além de se pedir uma informação. Para ilustrar, compare as diferentes estruturas em (28), que cumprem todas a função de pedir uma xícara de café, embora (28a) seja uma sentença no imperativo, (28b) seja uma interrogativa e (28c) seja uma declarativa.

(28) a. (Por favor), me traga uma xícara de café.
      b. (Por favor), você pode me trazer uma xícara de café?
      c. (Por favor), eu adoraria/quero uma xícara de café.

PARA CONHECER Pragmática

Esses exemplos também nos mostram um fato importante sobre o *por favor:* ele parece se combinar apenas com atos de fala diretivos, independentemente do modo sentencial. Note que imperativos expressivos (29a) ou ordens que usam o modo indicativo e o tempo futuro não se combinam com *por favor.* Embora (29b) se assemelhe a um ato diretivo, ele nos parece ser mais um ato comissivo. Note também que uma interrogativa que questiona a capacidade do ouvinte também é anômala. Em (29c) a interpretação relevante é na leitura da interrogação sobre a capacidade, não um ato de fala indireto, com força diretiva, para que o ouvinte levante o braço.

(29) a. #Por favor, faça uma boa viagem!
b. #Por favor, você vai sair daqui quando eu permitir.
c. #Por favor, você pode levantar o braço?

> No português brasileiro falado, a forma preferencial para o modo imperativo é o verbo na terceira pessoa do indicativo, não na conjugação tradicional. Compare as formas *fala/fale* e *come/coma*. Podemos nos perguntar o que permite que uma conjugação do modo indicativo assuma a função pragmática das conjugações do modo imperativo.

Veja que, no limite, sentenças declarativas podem ser encaradas como totalmente indeterminadas em relação à força ilocucional. Vimos que o estudo das implicaturas é motivado justamente porque não há uma correspondência um a um entre formas e significados. Pragmaticamente, dependendo da intenção do falante, um proferimento pode significar mais coisas do que ele expressa vericondicionalmente (isto é, para além da proposição expressa). Em relação aos atos de fala, temos um problema similar. Há uma série de exemplos como esses acima em que a força ilocucionária não é determinada apenas pela estrutura gramatical.

Searle (1975: 60) coloca o problema claramente nos seguintes termos:

> O problema posto pelos atos de fala indiretos é o problema de como é possível para o falante dizer uma coisa e querer dizer aquilo mas também querer dizer algo mais. E dado que o significado consiste em parte na intenção de impelir o ouvinte a um ato de compreensão, uma grande parte do problema está em como é possível para o ouvinte compreender o ato de fala indireto quando a sentença que ele ouve e compreende significa algo mais.

Isso nos dá, então, dois tipos de atos: (i) atos de fala diretos ou explícitos e (ii) atos de fala indiretos. Assim, comparando as sentenças em que a força ilocucional está explícita, via o modo imperativo (que costuma ter a força de pedido ou

132

ordem) ou algum verbo como *prometer, declarar, pedir, aconselhar* etc., diremos que estamos diante de um ato de fala indireto quando a força estiver implícita.

Há duas hipóteses influentes que explicam os atos de fala indiretos. Uma primeira hipótese entende que de fato há uma força literal nas

> Universalmente, a tendência é de que quanto mais indireto um ato de fala, mais polido ele seja.

estruturas gramaticais, mas que, por princípios conversacionais (como as máximas griceanas), essas estruturas podem vir a ser usadas de outras formas a depender das intenções do falante. Note que nos pedidos como em (30a), o falante questiona a possibilidade de o ouvinte cumprir o pedido. Nesse sentido, ao mesmo tempo em que não é direto, não impõe o pedido como um imperativo parece fazer. Ou seja, a interrogativa explora uma condição preparatória e dá a oportunidade de o ouvinte se recusar. Isso quer dizer que na escolha entre uma forma ou outra podem entrar em jogo princípios de polidez (tema da nossa próxima seção). Comparando (30a) com (30b), a forma declarativa do pedido, vemos que o segundo proferimento também tem força de pedido, embora explore agora o desejo/necessidade do falante.

(30) a. Você poderia me alcançar o sal?
      b. Eu preciso do sal.

Por outro lado, há quem defenda que atos de fala indiretos são rituais idiomatizados porque, ao parafrasearmos um mesmo ato por outra estrutura, a força parece se perder ou enfraquecer. Como ilustração, compare as sentenças do par em (31) adiante, que comunicam a mesma coisa que (30a), mas que não têm a mesma força. Intuitivamente, (31a) e (31b) seriam maneiras bem estranhas de se pedir a alguém para que passe o sal, a menos que estejamos diante de circunstâncias muito particulares.

(31) a. Você teria a capacidade de me alcançar o sal?
      b. Existe uma possibilidade de você me passar o sal?

Por fim, há ainda atos de fala indiretos que podem ser classificados como não literais. São atos em que algum efeito perlocucionário é alcançado não pelo significado composicional das palavras, mas por intenções em situações particulares, como vemos em (32):

(32)   a. Como está calor aqui!
           >> Por favor! Abra a janela/Ligue o ar-condicionado.
       b. O almoço sai hoje?
           >> Estou te avisando que estou com fome.
       c. Carne de burro não é transparente! (do seriado de televisão *Chaves*)
           >> Saia da minha frente!

Talvez nesses casos exemplificados acima exista um algo grau de idiomatismo e os proferimentos nem precisem mais de algum tipo de cálculo pragmático para serem interpretados adequadamente. Em tese, isso ocorreria com todos os idiomatismos que surgem via metáfora ou metonímia. Apesar disso,

> Expressões idiomáticas típicas como os verbos *chutar o balde*, *lamber sabão* ou os nominais *Zé ninguém*, *borra-botas* exibem um significado que muitas vezes é idiossincrático (não necessariamente derivado de uma metáfora ou outra figura de linguagem) e que é impossível de ser calculado a partir do significado das partes que o constituem.

o caso (32a) certamente pode e é usado em muitas situações de forma literal. Além de ser uma oração exclamativa, seu funcionamento como um ato de fala de um pedido é uma inferência que o ouvinte faz. E, como implicatura, pode ser cancelada, como vemos em (33). Contudo, veja que (32c) tem alto grau de idiomatismo e sua interpretação como um pedido para que o ouvinte saia da frente não nos parece cancelável.

(33)   Ana: Como está calor aqui!
       Beto: Quer que eu abra a janela?
       Ana: Não precisa. Obrigado!

A proposta de Searle (1975) é derivar o ato ilocucionário como uma inferência pragmática, isto é, via máximas griceanas. Lembre de que alguns dos exemplos de Grice podem ser tomados como atos de fala. Se você convidar alguém para sair no final de semana, uma forma do interlocutor recusar polidamente o convite é dizer algo como (34B).

(34)   A: Vamos ao cinema hoje à noite?
       B: Eu ainda não estudei para a prova.
          +> Não posso/quero ir ao cinema hoje à noite.

Searle propõe que o raciocínio que leva à interpretação adequada nesse caso poderia ser o seguinte:

(35) 1. Fatos: o falante A fez uma proposta/convite e o falante B respondeu afirmando que ainda não estudou para a prova.
2. Assumindo o princípio da cooperação e a máxima da relevância, a resposta de B deve ser relevante considerando a proposta de A; portanto, ela deve ser uma aceitação ou recusa.
3. Como a asserção de B não foi nem uma aceitação nem uma recusa, ela viola a máxima da relação.
4. Assim, temos um descompasso entre a força ilocucional (asserção) e o papel que se espera que esse ato de fala tenha como resposta a um pedido (uma aceitação ou recusa).
5. Como estudar toma tempo, o falante pode assumir que o ouvinte está recusando o convite porque estará estudando no momento em que o encontro ocorrer.
6. Como o aceite da proposta depende de o ouvinte ser capaz de performar o ato proposto (ir ao cinema com o falante), é provável, portanto, que ele esteja recusando o convite, pois será incapaz de ir ao cinema.
7. Assim, a força ilocucional da asserção é uma recusa.

Por outro lado, podemos conjecturar que alguns atos de fala indiretos de fato estejam lexicalizados como rituais polidos. Note que um médico, ao perguntar (36a), não quer saber apenas se o paciente é capaz de mover o braço, mas também está pedindo que o paciente mostre que o é movendo-o. Outro exemplo é (36b), que é uma pergunta, mas ao mesmo tempo um pedido para que o ouvinte se afaste. O ouvinte não vai interpretar o proferimento literalmente, isto é, como significando que o falante quer saber se o ouvinte é capaz de se mover e deixar o falante passar, mesmo que o ouvinte responda com *sim*, *claro*, *pode passar*. Mas note que uma resposta com *sim*, *posso* mostra que há um elemento de literalidade acessível nessas interrogativas.

(36) a. Você consegue mover o braço?
b. Você pode/poderia me dar licença?

Essas são algumas das principais questões que envolvem a pesquisa sobre atos de fala. Há um grande universo a ser investigado, cujos caminhos estão indicados nas leituras deste capítulo.

Nas últimas seções, comentamos que a escolha entre uma forma imperativa ou interrogativa, ou mesmo mais radicalmente indireta de ser fazer um pedido, pode ser afetada por questões de polidez e pela relação social entre falante e ouvinte. Esse será o tema da nossa próxima seção.

3. TEORIA DA POLIDEZ

Grice baseou o seu princípio da cooperação na suposição de que o comportamento humano seria guiado por um acordo tácito de cooperação mútua. Se te peço que me alcance um martelo, espero que você faça isso tão breve quanto possível e que me alcance o martelo, e não uma chave de fenda ou uma marreta. Claro que isso é uma idealização e podemos supor vários motivos ou desculpas para que não sejamos cooperativos numa dada situação ou que nos furtemos a falar a verdade.

Também dissemos que a conversação não é um simples jogo de perguntas e respostas. O estudo das implicaturas busca compreender como esses implícitos são "calculados" ou "inferidos", e a sua compreensão leva em conta noções

> Numa situação de interrogatório policial ou num tribunal do júri podemos ficar calados, mas mentir tem consequências legais. Falso testemunho é crime, por exemplo. E tudo o que um réu diz oficialmente pode ser usado como prova contra ele mesmo.

como "intenção" ou algum tipo de "teoria da mente" (o que o falante quis dizer?). Note que para inferir intenções ou supor o que o outro queria dizer, precisamos de um grau de empatia, de nos colocarmos no lugar do outro e imaginarmos sua intenção ao dizer o que nos disse.

Na conversação, entra em cena um jogo de imagens: aquele que fala, para quem fala, quais são os papéis sociais desses indivíduos, que imagem o falante faz de si e do seu interlocutor, que imagem o ouvinte faz do falante e que imagem o ouvinte supõe que o falante faz de si... Para além da conversa antropológica, temos diante de nós uma questão linguística interessante: até que ponto esse jogo de imagens afeta a construção da interação verbal? Isso teria reflexos gramaticais, quer dizer, as línguas gramaticalizariam recursos morfossintáticos para expressar sistematicamente essas imagens? Mas vamos dar um passo atrás: o que são essas "imagens"?

O antropólogo canadense Ervin Goffman cunhou o conceito de *face* nos seus estudos sobre as interações humanas. Para ele, toda interação tem potencial de causar dano ao que chamou de **face**, a imagem pública dos sujeitos.

> A literatura também usa o termo "cortesia/descortesia", mas aqui permaneceremos com os termos, "polidez/impolidez". O termo *face* foi traduzido em Goffmann (2011) como "fachada". Usaremos o termo "face", mais usual na Linguística brasileira.

Atos de fala

Assim, ele sugere que as estratégias de polidez são formas de diminuir os danos possíveis à imagem pública de quem fala e à imagem pública de quem ouve ou é interpelado.

Suponhamos que exista um princípio desse tipo e que também exista algum tipo de acordo tácito que regule as interações minimizando efeitos de diversas ordens. Para ser polido, é necessário que se expresse a polidez linguisticamente. A falta da expressão linguística da polidez também gera consequências, a descortesia ou a impolidez. É desse tipo de fenômeno que a teoria trata.

O que é isso que chamamos de "polidez" não é algo fácil de responder. Para os nossos propósitos, vamos assumir que sejam as estratégias linguísticas que os falantes de uma dada língua utilizam para evitar conflitos que poderiam ser gerados nas interações e/ou no contato social. Como veremos, a expressão linguística dessa noção vai muito além de cumprimentar, se despedir, agradecer ou pedir licença. No limite, todo e qualquer ato de fala pode ter diferentes graus de polidez e o quão polido é um ato depende mais do como é recebido pelo ouvinte do que alguma propriedade inerente ao código, ou seja, à gramática.

Uma estratégia de análise é ter em mente que podemos avaliar os comportamentos humanos, de modo geral, como mais ou menos polido, e, por outro lado, podemos entender a polidez como uma noção teórica que nos ajuda a compreender a interação verbal, um espaço de estudo que congrega a análise pragmática da linguagem com a Sociolinguística, a Antropologia, a Análise da Conversação etc.

3.1 A preservação da face

O modelo mais influente da teoria da polidez é o de Brown e Levinson (1987). Eles supõem um conjunto de noções que parte do princípio de que o comportamento humano é regido pela noção de face, tal como sugerido por Goffman, e que na interação verbal há princípios que regem a nossa tendência a preservar a nossa face e a do interlocutor. A teoria também dialoga de modo interessante com a Pragmática griceana, assumindo o princípio da cooperação e a tese de que a interpretação adequada de proferimentos polidos é afetada pelas máximas conversacionais, sendo os atos de fala indiretos um caso exemplar dessa interação.

Duas noções são fundamentais nessa abordagem: face positiva (autoimagem positiva e o anseio por aceitação) e face negativa (anseio por privacidade e de que nada seja imposto). Essas noções geram a polidez positiva e a negativa. A polidez positiva direciona atitudes no sentido de preservar a face positiva do ouvinte (se quer ser aceito, o falante não faz nada que afete a imagem que o outro faz dele, como discordar, ofender, duvidar etc.). Já a polidez negativa compele o falante a não atacar a face negativa do interlocutor (não impor, manifestar deferência, pedir desculpas, uso de atenuadores e atos de fala indiretos etc.). A teoria também supõe que falante e ouvinte são racionais e agem para garantir a sua face e de seus interlocutores.

Assim, a escolha por um ato qualquer, um ato de ameaça à face (*face threating act*, FTA), depende inicialmente do grau de ameaça à face do ouvinte. Ao escolher fazer o ato, o falante se depara com outra escolha: fazê-lo abertamente (*on record*) ou encobertamente (*off record*). A escolha encoberta envolve algum tipo de ato de fala que não compromete o falante (suponha que eu quero saber que horas são, mas não deixo clara a minha intenção e digo algo como *será que já começou o jornal do meio-dia?*). Por sua vez, ao fazer o ato abertamente, o falante novamente se depara com duas possibilidades: usar alguma ação reparadora ou não. Ao não usar ação reparadora, ele não está preocupado em diminuir os efeitos de ameaça do ato. Ao usar uma ação reparadora, ele vai buscar algum recurso linguístico para explorar a polidez positiva ou a polidez negativa. Esse jogo de escolhas é representado esquematicamente na Figura 1 a seguir (e ilustraremos com exemplos na sequência):

Figura 1: Circunstâncias que determinam as escolhas das estratégias

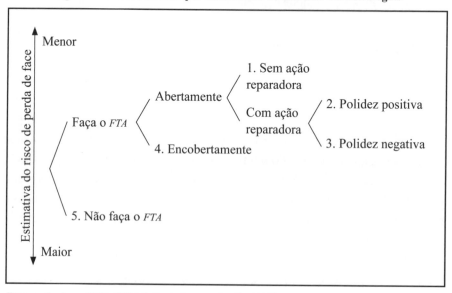

(Brown e Levinson 1987: 60 [tradução de Santos e Araújo, 2015])

Suponha que você queira perguntar as horas para um estranho na rua. Esse é um ato potencial de ameaça à face, pois você vai perturbar um desconhecido. Ao fazer essa escolha, você já decidiu que fará o ato e que possivelmente o fará abertamente, e não cutucando um transeunte aleatório e simplesmente apontando para o pulso. Você pode escolher perguntar da seguinte forma: *me diz as horas aí!* Na nossa intuição, essa seria uma forma rude de fazer esse pedido e não expressa qualquer preocupação em diminuir os efeitos de ameaça às faces. Agora, se você busca algum tipo de ação reparadora, pode apelar para ao menos duas estratégias. A primeira seria a que explora a polidez positiva e a segunda, a polidez negativa. Comparando as estratégias adiante, note que, entre as três formas, a mais polida é aquela que usa uma estratégia para diminuir a agressão à face negativa do ouvinte (37c), explorando tanto a polidez positiva quanto a negativa, pois o falante deixa expresso que não quer incomodar, manifestando, portanto, simpatia. Note que (37b) apenas explora a polidez negativa, na medida em que o pedido não é uma imposição (mais adiante veremos com detalhes mais alguns exemplos).

(37)   a. Por favor, você tem horas?
          b. Por favor, você poderia me informar as horas?
          c. Por favor, sem querer te incomodar, você poderia me dizer que horas são?

A partir desses conceitos, Brown e Levinson propõem dois conjuntos de estratégias de polidez:

1. Polidez positiva: prestar atenção ao ouvinte, usar marcadores de identidade e pertença ao grupo, evitar desacordos, oferecer coisas, incluir o ouvinte.
2. Polidez negativa: ser direto, minimizar a imposição, prestar deferência, se desculpar, ser impessoal.

A escolha de algum tipo de ação (aberta ou encoberta, com ou sem ação reparadora etc.) é influenciada por fatores sociais que interferem no grau de ameaça à face:

1. Distância social (D) entre falante e ouvinte (relação simétrica).
2. Poder relativo (P) que o ouvinte tem sobre o falante (relação assimétrica).
3. Grau (G) de imposição relativo na cultura.

PARA CONHECER Pragmática

Esses três fatores são responsáveis por articular dentro da teoria os elementos sociais. A proposta prevê um cálculo somativo dos três fatores, cujo resultado seria o peso da ameaça à face que o ato carrega. Exemplificando, suponha que numa relação entre irmãos temos uma relação de igualdade relativa. O irmão mais velho poderia ter algum poder sobre o mais novo, embora esse poder não seja tão grande quanto o que os pais exercem sobre os filhos. Em relação ao item G, podemos supor que aqui interfiram todos os aspectos culturais envolvidos na relação entre falante e ouvinte e seus papéis sociais. No exemplo dado, mesmo o irmão mais velho tendo algum poder sobre o mais novo, esse poder é questionável e o mais novo não tem obrigações de obediência cega, assim como o mais velho não pode impor sua vontade ao mais novo. Certamente o leitor pode imaginar outros tipos de relações sociais possíveis de ser descritas ou estudadas, como as relações entre pais/filhos, entre cônjuges, patrão/empregados, colegas de classe na escola ou universidade, militares, cliente/vendedores do comércio, prestador de serviço de saúde/paciente etc. De qualquer forma, o mais comum é sermos polidos com pessoas de alto estatuto social, mais velhas e com estranhos (embora haja grupos e/ou sociedades em que a norma é ser rude com estranhos).

Uma das questões interessantes que o estudo da polidez nos coloca é a análise dos recursos gramaticais que as línguas disponibilizam aos falantes. Por exemplo, em português temos pronomes de tratamento diversos, em vários registros. O uso de *senhor*/*senhora* geralmente manifesta deferência da parte do falante em relação ao interlocutor, assim como as expressões informais *seu*/*dona*. Note também que costumamos antepor ao nome próprio expressões como *doutor* para algumas profissões além do profissional médico, como dentistas ou advogados, o que pode ser uma manifestação apenas de deferência (como feirantes fazem para se dirigir a um cliente qualquer).

Um dos exemplos mais clássicos da expressão da deferência gramaticalizada nas línguas são os honoríficos em línguas como o japonês e o coreano. Note que um honorífico não é uma forma como

> Na transcrição de exemplos de outras línguas, o hífen marca limite entre morfemas; já o sinal de igualdade "=" separa clíticos do termo com o qual forma uma unidade sonora.

senhor, um pronome de tratamento, ele é um morfema que deve ser preso ao verbo para indicar deferência. Isso pode ser visto nos exemplos a seguir, de Harada (1976: 501-2, citado por Kroeger, 2020: 205); no caso (a) deferência é em relação ao referente do sujeito, e no caso (b) é em relação ao interlocutor.

Atos de fala

(38) a. Sasaki sensei=wa   watasi=ni koo   o-hanasi.ni.nat-ta.
        Sasaki professor=top 1sg=dat desse jeito falar.hon-passado
        'Professor Sasaki me disse desse jeito.'

     b. Watasi=wa sono   hito=ni   koo   hanasi-masi-ta.
        1sg=top   aquele homem=dat desse jeito speak-hon-past
        'Eu disse a ele (=aquele homem) desse jeito.'

Tomando a Figura 1 como guia, podemos ter pelo menos quatro tipos de atos.

1) Abertos sem ação reparadora

Nesse tipo de situação, a escolha envolve a relação entre o peso do desejo do falante e a eficiência do ato. Atos diretos são mais objetivos, mas não demonstram preocupação alguma com a preservação da face positiva ou negativa, seja do falante ou do ouvinte.

Pedidos podem ser considerados os atos mais invasivos e ameaçadores. Pedidos feitos abertamente e sem nenhuma ação reparadora são geralmente considerados impolidos. Veja que todos os proferimentos em (39) estão no imperativo.

(39) a. Me dá o sal!
     b. Sai daqui!

Mas note que haverá situações em que a objetividade é mais importante do que a polidez. Imagine um dentista pedindo instrumentos para um assistente, ou um mecânico concertando um carro e pedindo ferramentas para um ajudante, ou, ainda, num restaurante, um cliente pedindo uma bebida para o garçom, como em (40). Em receitas ou manuais de instrução, como em (41), também esperamos que as instruções sejam diretas.

(40) a. Um refrigerante, por favor.
     b. Me dá um refrigerante, por favor.
     c. Me vê um refrigerante, faz favor.
     d. Eu queria um refrigerante, por favor.

(41) Adicione açúcar e misture até dissolver completamente.

Por fim, note que fórmulas de despedida também costumam ser diretas e no modo imperativo. Contudo, essas expressões, diferentemente das anteriores, demonstram preocupação do falante com o ouvinte, sendo manifestações de simpatia, o que nos mostra que o imperativo não é polido ou impolido *per se*.

PARA CONHECER **Pragmática**

(42) a. Vá com deus.
   b. Se cuida!
   c. Faça uma boa viagem.
   d. Divirta-se.

2) Abertos com ação reparadora explorando a polidez positiva

Nesse caso, podemos supor uma série de atitudes do falante que visa garantir a preservação da face positiva sua e do seu interlocutor. Uma das formas mais claras de ações linguísticas dessa natureza são os elogios. Outra estratégia importante é o uso de expressões que sinalizem pertença ao grupo, bem como outras indicações de que falante e ouvinte "estão do mesmo lado".

O uso de uma exclamativa (43a), advérbios intensificadores (43b-c) ou entonação exagerada (43d) são estratégias linguísticas que marcam atitudes dessa natureza.

(43) a. Que lindo que ficou teu cabelo!
   b. Esse teu corte de cabelo ficou incrivelmente lindo.
   c. Adorei esse vestido, amiga! Tá gatíssima!
   d. Lindaaaaa!!!

Nas interações nas redes sociais, especialmente em comentários de fotos, se tem usado de recursos gráficos para marcar, às vezes exageradamente, esses tipos de atos, com maiúsculas, vários pontos de exclamação ou emojis e gifs.

Outro exemplo interessante são as questões negativas, como (44a). Nelas, o falante age como se conhecesse os desejos do ouvinte, mas note que a questão parece pressupor uma resposta positiva. Uma resposta negativa do ouvinte pode soar rude em algumas situações. Em caso de pedidos, como em (44b), embora o princípio seja o mesmo, agora o objetivo é soar não impositivo.

(44) a. Você não quer tomar alguma coisa?
   b. Você não quer aproveitar que está saindo e levar o lixo?

3) Abertos com ação reparadora explorando a polidez negativa

A polidez negativa vai explorar estratégias que visam minimizar os efeitos de atos de fala que possam afetar o desejo do sujeito de que nada lhe seja imposto, e essas estratégias costumam ser bem elaboradas em sociedades ocidentais.

142

Nesse sentido, os atos de fala indiretos são um caso exemplar desse tipo de ação. O falante precisa pedir algo ao ouvinte, mas não gostaria de fazer isso diretamente, pois soaria impositivo (portanto ameaçando a face de ambos). Ao evitarmos fazer pedidos ou ordens usando o imperativo, estaríamos seguindo esse princípio geral. Há uma gradação de polidez em pedidos: quanto mais indireto, mais polido. Compare as diferentes estratégias de se fazer um pedido como vemos a seguir:

(45) a. Me dá o sal.
b. Me alcance o sal.
c. Você pode/poderia me alcançar o sal?
d. Por favor, você poderia me alcançar o sal?
e. Por favor, se não for te incomodar, você tem condições de me alcançar o sal?
f. Eu ficaria agradecido se você me alcançar o sal.

Uma das estratégias de que os atos de fala indiretos se valem é a exploração de alguma condição de felicidade. Por exemplo, em (45c) o falante explora a capacidade do ouvinte em alcançar o sal para o falante, supondo que este esteja mais próximo do objeto pedido. Por sua vez, note que em (45f) o falante agora explora o seu desejo como fonte do pedido, mas ao mesmo tempo deixa claro que ficaria feliz se o ouvinte fizesse o que é pedido, portanto, explorando a polidez positiva ao mesmo tempo.

Em resumo, é como se a quantidade de esforço gasto em expressar algum tipo de não imposição explícita fosse recompensada com o efeito de soar mais educado.

Outra estratégia importante é o uso de *hedges*. *Hedges* são modalizadores que modificam o grau de certeza sobre uma proposição ou o grau de pertença dos indivíduos a um certo predicado. Em atos de fala assertivos, eles funcionam para diminuir (enfraquecedores) (46a-b) ou aumentar (reforçadores) (46c-d) o grau de comprometimento do falante em relação ao que é declarado.

(46) a. Júlia *meio que* não gostou do que você disse.
b. Eu *acho* que o João é um bom professor.
c. Ele é um *verdadeiro* amigo.
d. Eu acredito *mesmo* que esse livro é bom.

Há também modificadores que atuam sobre o ato de fala. Os modificadores adverbiais em (47) são orientados para o falante e reforçam o grau de comprometimento subjetivo sobre o que é comunicado. Essas expressões parecem explorar a máxima da qualidade, na medida em que o falante reforça que aquilo que está sendo comunicado é verdadeiro, ressaltando a adesão do falante à máxima.

(47) a. *Sinceramente/honestamente*, o João é um baita dum amigo.
      b. *Na verdade*, o João é um baita dum amigo.

Por outro lado, também há *hedges* que diminuem o comprometimento do falante, como no caso de fofocas:

(48) Me contaram/andam dizendo por aí/diz-se/fiquei sabendo que o João tem um caso.

Para dar mais um exemplo de *hedges* que exploram as máximas, há expressões que são ampliadores de vagueza, na medida em que não impõem uma quantidade exata e deixam em aberto um espectro de ação para o ouvinte:

(49) a. Pode ser *lá pelas* 8h.
      b. Seu parecer pode ter *umas* 20, 25 linhas.

4) Encobertos

Os atos de fala encobertos visam não expressar com clareza qual é a força do ato de fala. Nesse sentido, eles diminuem o comprometimento do falante com a intenção de performar o ato, deixando a responsabilidade da inferência para o ouvinte. Não necessariamente a inferência será feita com base em alguma máxima, embora na maioria das situações isso possa ser o caso. O ponto crucial é que o falante não quer comunicar abertamente algo que potencialmente pode afetar a sua face ou a do ouvinte.

Note, por exemplo, que um proferimento como (50) pode ser interpretado como um pedido indireto para que a janela seja fechada. Ao mesmo tempo, perceba que ele não viola, aparentemente, nenhuma máxima. O falante está comunicando sua experiência física do frio aos outros envolvidos na situação. A inferência de que é um pedido para que a janela seja fechada advém da máxima da relação. Se o falante comunicou o que comunicou e ele supõe que isso é relevante na situação, então ele presume que os ouvintes serão capazes de fazer a inferência adequada.

(50)   Como tá gelado esse vento que tá entrando!

Apresentamos apenas alguns exemplos de cada estratégia. Essa área apresenta uma gama ampla de estruturas gramaticais que podem ser discutidas em conexão com gêneros discursivos, relações sociais diversas, aspectos sociolinguísticos, entre outros fatores.

O uso polido do futuro do pretérito

Várias gramáticas apontam que o futuro do pretérito pode ser usado para expressar modéstia (i), pedido polido (ii) ou ainda como forma de cortesia (iii):

(i)   Eu teria ficado satisfeito com suas cartas. (Bechara, 2009: 280, citado por Araújo e Freitag, 2015: 82)
(ii) Desejaríamos ouvi-lo sobre o crime. (Cunha e Cintra, 1985: 451)
(iii) Você me faria um favor? (Terra e Nicola, 2004: 250)

Como vimos, uma das assunções básicas da Teoria da Polidez é que não é o recurso gramatical em si mesmo que veicula esse traço. Antes, a polidez é uma inferência que o ouvinte faz. Partindo disso, Araújo e Freitag (2015) mostram que há alguns fatores importantes na interpretação polida desse tempo verbal. No estudo, as autoras criaram interações entre estudantes universitários em que o uso desse tempo pudesse emergir. Um aspecto interessante mostrado no estudo é que o futuro do pretérito costuma aparecer com elementos modalizadores ou atenuadores:

(iv) o... mendigando não... porque eu <u>acho</u> que ( ) com esse projeto <u>seria</u> melhor... porque a pressão ia ser maior... porque ninguém ia se contentar... com pouco... sempre ia querer mais... (p. 90, ex. 20)
(v)   aí você você você você tocou numa <u>paradinha meio</u> braba... se é... <u>deveria</u> se ofertar... qualidade... mesmo que... digamos assim... vá atender um número pequeno... (p. 90, ex. 22)

Outro aspecto descoberto no estudo é que o uso desse tempo é favorecido em sequências discursivas opinativas e injuntivas (em especial, nas interrogativas), em comparação com sequências narrativas e explicativas. O uso do tempo em interrogativas soa menos impositivo, já nas sequências opinativas ele dá um caráter menos taxativo sobre as afirmações, como no exemplo abaixo:

(vi) F1: mas você comer você <u>comeria</u> escondido era?
F2: não não na frente entendeu? porque é mais difícil né? se eu se você se eu comer na sua frente... e se eu comer na frente deles se eles não podem... eu comer na frente deles é mais difícil de eles resistirem entendeu? eu como <u>evitaria</u> de comer na frente deles...
F1: você <u>iria comer</u> escondido...
F2: não... não comer escondido... não não <u>comeria</u> só apenas na frente... ((RISOS)) (p. 93, ex. 26)

3.2 Impolidez

A teoria da preservação da face objetiva dar conta dos proferimentos que mitigam conflitos. Contudo, nas interações verbais, os conflitos surgem em alguns casos de modo intencional, como em textos polêmicos, debates eleitorais e ofensas. Em algumas situações, ofender e desqualificar o outro é um recurso argumentativo; no caso dos primeiros e no caso das ofensas, pode-se supor que preservar as faces (positiva e negativa) seja a última preocupação do agressor.

Há quem defenda a existência de atos inerentemente polidos ou impolidos. Podemos supor que cumprimentar alguém com um *Bom dia!* caloroso não tenha a chance de ser interpretado nunca como ofensivo. Por outro lado, chamar a atenção de alguém em relação a algum comportamento socialmente inaceitável sempre será impolido, possivelmente porque não há forma de se fazer isso sem que a face do outro seja ameaçada. Imagine alguém que esteja tirando meleca do nariz no meio de uma sala de aula e o professor chame a atenção do aluno com algo como *Fulano, você acha que poderia não limpar o seu nariz durante a aula?* Mesmo sendo um ato de fala indireto, o aluno certamente ficaria constrangido.

Também temos casos em que ofensas são amostras de intimidade. É comum entre grupos de amigos que ofensas sejam dirigidas como forma de cumprimento. Amigos também podem se ofender levemente quando um conta ao outro alguma situação em que fez algo muito errado ou estúpido. Imagine que Marcos comprou um

> Sandmann (1993: 225) relata esse tipo de situação de maneira precisa: "O que temos presenciado com frequência é o que chamaríamos de 'jogo de faz de conta', isto é, o palavrão é dito mas não é para valer, como no seguinte fato em que um jovem gritou para outro, do outro lado da rua: 'Ó baixinho filho da puta!', atravessaram a rua e se abraçaram."

Marea 1999, arrependeu-se algum tempo depois e não consegue vendê-lo. Seus amigos lhe dirão coisas do tipo *Eu te avisei, seu jegue!* ou *Você só me faz cagada!*

Teoricamente, assim como há quatro estratégias para se performar um ato de fala potencialmente agressivo (sem ação reparadora, com ação reparadora explorando a polidez positiva, com ação reparadora explorando a polidez negativa e encoberto), o inverso poderia ser imaginado em relação aos atos impolidos:

1. Ação direta: ataque feito de forma direta, clara e sem ambiguidades.
2. Impolidez positiva: ataque à face do falante.
   Exemplos de atitudes dessa natureza envolvem a não simpatia, esnobar, mostrar desinteresse, procurar um tópico de conversação que seja sensível para o ouvinte, ofender, usar palavrões etc.
3. Impolidez negativa: ataque à face do ouvinte.
   Atos e atitudes que envolvem ataques claros ao ouvinte, como ser condescendente ou ridicularizar, colocar o outro numa situação vexatória ou invadir o seu espaço, por exemplo, questionando-o publicamente sobre algo muito íntimo etc.
4. Sarcasmo: forma de ironia que explora a falsidade do proferimento, mas, diferentemente da ironia (que em muitos casos visa apenas o humor), tem intenção de ridicularizar o outro.

Como é comum no desenvolvimento do conhecimento científico, a teoria da preservação da face tem sido sujeita a muitas críticas (cf. leituras

PARA CONHECER Pragmática

recomendadas). Contudo, mesmo aqueles que divergem dela a tomam como um pressuposto para debater os limites das suas categorias de análise e os limites da sua aplicação empírica na análise de línguas e culturas não europeias. Por exemplo, Brown e Levinson (1989) propõem categorias que deveriam ser encontradas universalmente. Uma das críticas é que o modelo seria muito centrado no papel dos indivíduos, enquanto haveria sociedades em que a polidez estaria mais centrada em grupos sociais como a família.

Leituras sugeridas

Além da leitura dos clássicos Austin (1962) e Searle (1969; 1975), altamente recomendável é a leitura de textos contemporâneos que apresentam o estado da arte da pesquisa sobre tema, como Sadock (2004), Levinson (2017) e Green (2021). A coletânea de artigos em Fogal, Harris e Moss (2018) oferece uma visão atual dos temas de pesquisa sobre atos de fala na Linguística e na Filosofia. Nessa coletânea, de interesse particular para o linguista são os capítulos de Portner (2018) e Roberts (2018), que tratam da relação entre os modos sentenciais e a força ilocucionária. Sobre esse tema, um bom começo são os artigos de Recanati (2013) e Kissine (2012). Sobre polidez, além da leitura do texto clássico de Brown e Levinson (1987), os textos reunidos em Preti (2008) e Cabral, Seabra e Guaranha (2017) trazem pesquisas feitas no Brasil nos últimos 20 anos que utilizam outras abordagens além da apresentada aqui. Nesse último livro, os capítulos de Kerbrat-Orecchioni (2017) e Barros (2017) oferecem um panorama atual sobre o tema. Sobre a impolidez, ver Culpeper (1996) e Marlangeon (2017).

Exercícios

1. Considerando a distinção proposta por J. Austin, selecione as alternativas em que temos enunciados tipicamente performativos.
   a. Márcia está cansada.
   b. Faça uma boa viagem!
   c. Eu prometo que não falo mais essa palavra.
   d. João prometeu que não falaria mais palavrões.

2. Quais são os atos perlocucionários dos atos de fala abaixo?
   a. Promessa
   b. Pedido de desculpas
   c. Ordem
   d. Conselho

3. Imagine algo que possa dar errado nos atos de fala abaixo e classifique a infelicidade como falha ou abuso, a partir dos critérios propostos por J. Austin.
   a. Sinto muito! Não era minha intenção te ofender.
   b. Você não pode entrar aqui sem máscara.

4. Ordens e pedidos são diferentes em função do grau de força do ponto ilocucionário. Assim, uma ordem é apenas um pedido mais forte. Retomando as condições de felicidade dos atos de fala de Searle e outros aspectos que julgar relevantes, explique a diferença entre os atos de se comprometer com uma ação futura e uma ameaça.

5. Vimos que há *hedges* que exploram as máximas da qualidade e quantidade para efeitos de polidez. A máxima da relação também pode ser explorada em algumas situações. Você consegue imaginar que expressões teriam esse efeito? Pense especialmente em como anunciamos para o ouvinte uma mudança de assunto ou um desvio no tópico da conversação.

CONSIDERAÇÕES FINAIS

Esperamos que os leitores que chegaram a este ponto do livro tenham desfrutado das discussões apresentadas ao longo do percurso. Procuramos selecionar os quatro assuntos mais relevantes para a pesquisa na área da Pragmática e, com isso, esperamos ter oferecido um panorama amplo e crítico o suficiente para permitir que os que quiserem continuar se aprofundando sobre o assunto possam prosseguir por conta própria; seja aceitando nossas sugestões de leitura, seja fazendo sua própria pesquisa bibliográfica para localizar fontes mais recentes. A Pragmática é um campo de investigação bastante ativo, com uma produção intensa, de forma que sempre haverá textos novos e instigantes a serem estudados e apreendidos criticamente.

No primeiro capítulo, apresentamos a noção de referência, que tem a ver com nossa capacidade de falar sobre as coisas do mundo a partir de uma perspectiva pragmática, ressaltando mais a atitude dos falantes ao usar expressões linguísticas para interagir com seus interlocutores do que uma relação mais direta entre as expressões linguísticas e suas denotações potenciais.

O capítulo seguinte, sobre pressuposição, tocou uma questão ainda mais controversa naquilo que diz respeito aos limites entre a Semântica e a Pragmática. Ao perceber a necessidade de distinguir dois tipos de informação linguística – aquela que é explicitamente asserida e aquela que é apenas pressuposta –, estamos evidenciando o fato de que a comunicação linguística é bem mais complexa do que uma avaliação superficial pode nos fazer acreditar. Ao descobrirmos que uma parte daquilo que é comunicado não é afetada pelos operadores proposicionais, como a negação, por exemplo, estamos evidenciando a necessidade de conceber a significação como uma entidade composta de diversas camadas (até aqui, pelo menos duas: o asserido e o pressuposto). No entanto, o debate sobre a pressuposição, tanto na Filosofia quanto na Linguística, continua aberto e sempre haverá ainda muito a se descobrir nessa área.

Já no terceiro capítulo, sobre implicaturas, entramos definitiva e incontestavelmente num domínio plenamente pragmático. Ainda que a implicatura convencional pareça mais um fenômeno gramatical do que conversacional, as implicaturas conversacionais pertencem indubitavelmente à interação linguística entre interlocutores. Como a Pragmática é normalmente definida como a área de pesquisa em que os usuários das línguas passam a integrar a ontologia do fenômeno, as implicaturas acabaram se constituindo como uma das principais áreas da Pragmática. Além disso, como são identificados três novos fenômenos, fica ainda mais evidenciada sua natureza multissistêmica (para usar um termo apreciado por Ataliba Castilho): além da denotação, da referência e da pressuposição, ainda precisamos de novas dimensões para as implicaturas convencionais, para as implicaturas conversacionais generalizadas e para as implicaturas conversacionais particularizadas. Com isso, a significação se revela como um fenômeno de seis faces.

Finalmente, o quarto e último capítulo apresenta os atos de fala, área de estudo em que o fenômeno linguístico é concebido definitivamente como atitude do falante. A distinção griceana entre atos locutivos (a produção efetiva de um proferimento, regido pela gramática de uma língua, que determina a forma da expressão e sua respectiva interpretação semântica), atos ilocutivos (a intenção comunicativa pretendida pelo falante, que pode não coincidir totalmente com aquilo que foi efetivamente produzido no ato locutivo) e atos perlocutivos (os efeitos potenciais que podem ser produzidos nos interlocutores, a partir dos atos locutivos e ilocutivos) abre pelo menos mais três dimensões no plano da significação. Mais do que isso, junto com a metodologia para a identificação das implicaturas, o estudo dos atos de fala oferecem ferramentas eficazes para descrever, analisar e compreender fenômenos associados à polidez, naquilo que diz respeito à sua manifestação gramatical e ao uso injurioso de termos ofensivos (chamados em inglês de *slurs*). Em tempos de polarização radical, como os que estamos vivendo ultimamente, esse tipo de estudo (que poderíamos jocosamente chamar de "xingologia", neologismo que devemos a Renato Basso) é de grande valia para nos ajudar a identificar e combater usos abusivos de expressões linguísticas que visam a ofender e a humilhar.

Como últimas palavras, gostaríamos de dizer que, como autores deste livro de introdução à Pragmática, ficaremos imensamente gratos caso tenhamos ajudado os leitores a começarem a desbravar uma parte do fascinante planalto dos fenômenos linguísticos (e aqui não resistimos a uma desbragada metáfora, que pode ser aproveitada numa análise recorrendo aos conceitos apresentados neste mesmo livro). Se o leitor terminar a leitura deste livro curioso por averiguar a natureza de algumas manifestações linguísticas com as quais ele possa se deparar, estaremos recompensados. Afinal, num país de recursos escassos e de poucos leitores, como o nosso, não temos nenhuma esperança (como confessou Chierchia, num de seus manuais de introdução à Semântica) de ficarmos ricos e famosos escrevendo um livro sobre Pragmática.

BIBLIOGRAFIA

ABBOTT, B. *Reference*. Oxford: Oxford University Press, 2010.
_____. Reference. In: HUANG, Y. (Ed.). *The Oxford Handbook of Pragmatics*. Cambridge: [s.n.], 2017, pp. 240-258.
APOTHÉLOZ, D.; REICHLER-BÉGUELIN, M.-J. Interpretations and Functions of Demonstrative NPS in Indirect Anaphora. *Journal of Pragmatics*, v. 31, n. 3, pp. 363-397, 1999.
ARAUJO, A. S.; FREITAG, R. M. A forma de futuro do pretérito no português do brasil e a função de polidez. *Forma y Función*, v. 28, n. 1, pp. 79-97, 13 out. 2015.
ATLAS, J. D. Presupposition. In: HORN, L. R.; WARD, G. (Eds.). *The Handbook of Pragmatics*. Oxford: Blackwell, 2004, pp. 29-52.
AUSTIN, J. L. *How to do Things with Words*. Oxford: Oxford University Press, 1962.
_____. *Quando dizer é fazer*. Trad. Danilo Marcondes Filho. Porto Alegre: Artes Médicas, 1990.
BACH, E. The algebra of events. *Linguistics and Philosophy*, v. 9, n. 1, pp. 5-16, 1986.
BACH, K.; HARNISH, R. M. *Linguistic Communication and Speech Acts*. Cambridge, MA: mit Press, 1979.
BARROS, K. S. M. Perspectivas no estudo da polidez. In: CABRAL, A. L. T.; SEARA, I. R.; GUARANHA, M. F. (Orgs.). *Descortesia e cortesia*: expressão de culturas. São Paulo: Cortez, 2017, pp. 359-374.
BASSO, R. M. *A Semântica das relações anafóricas entre eventos*. Campinas, 2009. Tese (Doutorado) — Instituto de Estudos da Linguagem, Universidade Estadual de Campinas.
BENVENISTE, Émile. A natureza dos pronomes. *Problemas de Linguística Geral I*. Trad. Maria da Glória Novak e Maria Luiza Neri. Campinas: Pontes, 1988, pp. 277-283.
BIRNER, B. J. *Introduction to Pragmatics*. Chichester, West Sussex, UK: Wiley-Blackwell, A John Wiley & Sons, Ltd., Publication, 2013.
BONOMI, A. Existence, Presupposition and Anaphoric Space. *Journal of Philosophical Logic*, v. 6, n. 1, pp. 239-267, 1977.
BRANQUINHO, J.; MURCHO, D.; GOMES, N. G. (Eds.). *Enciclopédia de termos lógicos-filosóficos*. São Paulo: Martins Fontes, 2006.
BRITO, A. N. de. *Nomes próprios*: semântica e ontologia. Brasília: Editora UnB, 2003.
BROWN, P.; LEVINSON, S. *Politeness*: Some Universals in Language Usage. Cambridge: Cambridge University Press, 1987.
BURTON-ROBERTS, N. *The Limits to Debate*: A Revised Theory of Semantic Presupposition. Cambridge: Cambridge University Press, 1989.
CABRAL, A. L. T.; SEARA, I. R.; GUARANHA, M. F. (Orgs.). *Descortesia e cortesia*: expressão de culturas. São Paulo: Cortez, 2017.
CAMARA Jr., J. M. *Estrutura da língua portuguesa*. Décima quinta. Petrópolis: Vozes, 1985.
CAMPOS, J. *Os enigmas do nome*. Porto Alegre: AGE Editora & EDIPUCRS, 2004. Disponível em: <http://citeseerx.ist.psu.edu/viewdoc/download?doi=10.1.1.463.767&rep=rep1&type=pdf>. Acesso em: 16 jan. 2017.

PARA CONHECER Pragmática

CARLSON, G. Reference. In: HORN, L. R.; WARD, G. (Eds.). *The Handbook of Pragmatics*. Oxford: Blackwell, 2004a, pp. 74-96.
_____. Relevance Theory and the Saying/Implicating Distinction. In: Horn, L.; Ward, G. (Eds.). *The Handbook of Pragmatics*. Oxford: Blackwell, 2004b, pp. 633-655.
_____; PELLETIER, F. J. (Eds.). *The Generic Book*. Chicago: The University of Chicago Press, 1995.
CHIERCHIA, G. *Dynamics of Meaning*: Anaphora, Presupposition, and the Theory of Grammar. Chicago: The University of Chicago Press, 1995.
_____. *Semântica*. 2. ed. Trad. Luiz Arthur Pagani, Lígia Negri & Rodolfo Ilari. Campinas: Editora da Unicamp, 2008.
_____. *Logic in Grammar*: Polarity, Free Choice, and Intervention. Oxford: Oxford University Press, 2013.
CULPEPER, J. Towards an Anatomy of Impoliteness. *Journal of Pragmatics*, v. 25, n. 3, pp. 349-367, 1º mar. 1996.
CUNHA, C.; CINTRA, L. *Nova gramática do português contemporâneo*. 2. ed. [S.l.]: Nova Fronteira, 1985.
DONNELLAN, K. S. Reference and Definite Descriptions. *The Philosophical Review*, v. 75, n. 3, pp. 281-304, 1966. Disponível em: <http://www.jstor.org/stable/2183143?origin=JSTOR-pdf>. Acesso em: 11 nov. 2021.
DUCROT, O. *Princípios de semântica linguística (dizer e não dizer)*. Trad. Carlos Vogt, Rodolfo Ilari e Rosa Attié Figueira. São Paulo: Cultrix, 1978.
_____. *O dizer e o dito*. Campinas: Pontes, 1987.
FELTES, H. P. M.; SILVEIRA, J. R. C. Pragmática cognitiva: processos inferenciais pela teoria da relevância. In: PERNA, C. B. L.; GOLDNADEL, M.; MOLSING, K. V. *Pragmáticas*: vertentes contemporâneas. Porto Alegre, RS: Editora da pucrs, 2016. pp. 57-74.
FILLMORE, C. J. Verbs of Judging: An Exercise in Semantic Description. In: FILLMORE, C. J.; LANGENDOEN, D. T. (Eds.). *Studies in Linguistic Semantics*. New York: Holt, 1971.
FIORIN, J. L. *As astúcias da enunciação*: as categorias de pessoa, espaço e tempo. 3. ed. São Paulo: Contexto, 2016.
FOGAL, D.; HARRIS, D. W.; MOSS, M. (Eds.). *New Work on Speech Acts*. Oxford: Oxford University Press, 2018.
FREGE, G. Sobre o sentido e a referência. *Lógica e filosofia da linguagem*. 2. ed. Trad. Paulo Alcoforado. São Paulo: Edusp, 2009, pp. 129-158..
GAZDAR, G. *Pragmatics*: Implicature, Presupposition and Logical Form. New York: Academic Press, 1979.
GERALDI, J. W. *Se a semântica fosse também pragmática... ou Para uma análise semântica dos enunciados condicionais*. Campinas, 1978. Dissertação (Mestrado) — Instituto de Estudos da Linguagem, Universidade Estadual de Campinas. Disponível em: <http://libdigi.unicamp.br/document/?code=vtls000045520>. Acesso em: 4 mar. 2013.
GOFFMAN, E. *Ritual de interação*: ensaios sobre o comportamento face a face. Petrópolis, Vozes, 2011.
GOLDNADEL, M. *Pressuposição radicalmente pragmática*. Porto Alegre, 2004. Tese (Doutorado) — Pontifícia Universidade Católica do Rio Grande do Sul.
_____. Pragmática. In: ROMERO, M. et al. (Orgs.). *Manual de linguística*: semântica, pragmática e enunciação. Petrópolis: Vozes, 2019, pp. 65-142.
GOMES, A. Q.; MENDES, L. S. *Para conhecer semântica*. São Paulo: Contexto, 2018.
GREEN, M. Speech Acts, *The Stanford Encyclopedia of Philosophy* (Fall 2021 Edition), Edward N. Zalta (ed.).Disponível em <https://plato.stanford.edu/archives/fall2021/entries/speech-acts/>.Acesso em: 01 jun. 2021.
GRICE, H. P. Lógica e conversação. In: DASCAL, M. (Org.). *Fundamentos metodológicos da linguística*: pragmática. Campinas: Edição do Autor, 1982.
_____. *Studies in the Way of Words*. Cambridge, Mass; London: Harvard University Press, 1989.
HORN, L. R. A Presuppositional Analysis of "Only" and "Even". *Papers from the Fifth Regional Meeting of the Chicago Linguistics Society*. Chicago Linguistics Society, 1969, pp. 98-107. Disponível em: <http://ling.yale.edu/node/358/attachment>. Acesso em: 9 out. 2012.
_____. *On the Semantic Properties of Logical Operators in English*. Tese (Doutorado) — University of California, Los Angeles, 1972.
_____. Presupposition and Implicature. In: LAPPIN, S. (Ed.). *The Handbook of Contemporary Semantic Theory*. Oxford: Blackwell, 1996, pp. 299-319.
_____; WARD, G. (Ed.). *The Handbook of Pragmatics*. Oxford: Blackwell, 2004.
HUANG, Y. *Pragmatics*. 2. ed. Oxford: Oxford University Press, 2014.
ILARI, R. *Introdução à semântica*: brincando com a gramática. São Paulo: Contexto, 2001.

KARTTUNEN, L. Implicative Verbs. *Language*, v. 47, n. 2, pp. 340-358, 1971.

_____. Presuppostions of Compound Sentences. *Linguistic Inquiry*, v. 4, n. 2, pp. 169-193, 1973.

KEMPSON, R. *Semantic Theory*. Cambridge: Cambridge University Press, 1977.

_____. M. *Teoria semântica*. Trad. Waltensir Dutra. Rio de Janeiro: Zahar, 1980.

KENEDY, E.; OTHERO, G. de Ávila. *Para conhecer sintaxe*. São Paulo: Contexto, 2018.

KERBRAT-ORECCHIONI, C. Abordagem intercultural da polidez linguística: problemas teóricos e estudo de caso. In: CABRAL, A. L. T.; SEARA, I. R.; GUARANHA, M. F. (Orgs.). *Descortesia e cortesia:* expressão de culturas. São Paulo: Cortez, 2017, pp. 17-56.

KIPARSKY, P.; KIPARSKY, C. Fact. In: BIERWISCH, M.; HEIDOLPH, K. E. (Eds.). *Progress in Linguistics*: A Collection of Papers. The Hague: Mouton, 1970, pp. 143-173.

KISSINE, M. Sentences, Utterances and Speech Acts. In: ALLAN, K.; JASZCZOLT, K. (Eds.). *The Cambridge Handbook of Pragmatics*. Cambridge/New York: Cambridge University Press, 2012, pp. 169-190.

KOCH, I. G. V. *Argumentação e linguagem*. 5. ed. São Paulo: Cortez, 1999.

_____. *A coesão textual*. São Paulo: Contexto, 2007.

_____; MORATO, E. M.; BENTES, A. C. (Eds.). *Referenciação e discurso*. São Paulo: Contexto, 2005.

KRAHMER, E. J. *Presupposition and Anaphora*. Stanford, CA: CSLI, 1998.

KRIPKE, S. A. Presupposition and Anaphora: Remarks on the Formulation of the Projection Problem. *Linguistic Inquiry*, v. 40, n. 3, pp. 367-386, 2009.

KROEGER, P. R. *Analyzing Meaning*: An Introduction to Semantics and Pragmatics. Berlin: Language Sciences Press, 2019.

LAPPIN, S.; LEASS, H. J. An Algorithm for Pronominal Anaphora Resolution. *Computational Linguistics*, v. 20, n. 4, pp. 535-561, 1994. Disponível em: <http://acl.ldc.upenn.edu/J/J94/J94-4002.pdf>. Acesso em: 14 fev. 2012.

LEVINSON, S. C. *Presumptive Meanings*: The Theory Of Generalized Conversational Implicature. Cambridge, Mass: MIT Press, 2000.

_____. *Pragmática*. Trad. Luís Carlos Borges e Aníbal Mari. São Paulo: Martins Fontes, 2007.

_____. Speech Acts. In: HUANG, Y. (Ed.). *The Oxford Handbook of Pragmatics*. Oxford: Oxford University Press, 2017, pp. 199-216.

LEWIS, D. Scorekeeping in a Language Game. *Journal of Philosophical Logic*, v. 8, pp. 339-359, 1979.

_____. *Philosophical Papers*. New York: Oxford Academic Press, 1983, v. 1.

LUDLOW, P. *Semantics, Tense, and Time — An Essay in the Metaphysics of Natural Language*. [S.l.]: Bradford Books, 1999.

MARLANGEON, S. K. Contribuições para o estudo da descortesia verbal. In: CABRAL, A. L. T.; SEARA, I. R.; GUARANHA, M. F. (Orgs.). *Descortesia e cortesia*: expressão de culturas. São Paulo: Cortez, 2017, pp. 93-108.

MIOTO, C.; SILVA, M. C. F.; LOPES, R. *Novo manual de sintaxe*. São Paulo: Contexto, 2013.

MORRIS, C. W. *Foundations of the Theory of Signs*. Chicago: The University of Chicago Press, 1938.

MORTARI, C. A. *Introdução à lógica*. 2. ed. São Paulo: Editora Unesp, 2016.

MOURA, H. M. de M. *Significação e contexto*: uma introdução a questões de semântica e pragmática. Florianópolis: Insular, 2000.

NETO, F. R.; SANTOS, J. "Referência e descrições definidas" de Keith Donnellan: Introdução ao texto e tradução. Ágora Filosófica, v. 1, n. 1, pp. 96-122, 2017. Disponível em: <http://www.unicap.br/ojs/index.php/agora/article/view/1005/866>. Acesso em: 21 jul. 2020.

OLIVEIRA, T. de M. *Convenção ou conversação*: evidências para a determinação da natureza do fenômeno pressuposicional. Porto Alegre, 2015. Dissertação (Mestrado) — Programa de Pós-Graduação em Letras da Universidade Federal do Rio Grande do Sul.

PAGANI, L. A. *Pressuposição, representação lexical e ciência cognitiva*. Campinas, 1996. Dissertação (Mestrado) – Instituto de Estudos da Linguagem, Universidade Estadual de Campinas. Disponível em: <http://www.bibliotecadigital.unicamp.br/document/?down=vtls000104261>. Acesso em: 30 out. 2013.

PERNA, C. B. L.; GOLDNADEL, M.; MOLSING, K. V. *Pragmáticas*: vertentes contemporâneas. Porto Alegre: Editora da PUCRS, 2016.

PIRES DE OLIVEIRA, R.; BASSO, R. M. *Arquitetura da conversação*: teoria das implicaturas. São Paulo: Parábola, 2014.

PORTNER, P. Commitement to Priorities. In: FOGAL, D.; HARRIS, D. W.; MOSS, M. (Eds.). *New Work on Speech Acts*. Oxford: Oxford University Press, 2018, pp. 296-316.

PARA CONHECER **Pragmática**

PRETI, D. (Org.). *Cortesia verbal*. São Paulo: Humanitas, 2008.

RECANATI, F. *Literal Meaning*. [s.l.] Cambridge University Press, 2003.

_____. Content, Mood, and Force. *Philosophy Compass*, v. 8, n. 7, pp. 622-632, 2013.

REICHENBACH, H. *Elements of Symbolic Logic*. New York: Macmillan, 1947.

REIMER, M.; MICHAELSON, E. Reference. In: ZALTA, E. N. (Ed.). *The Stanford Encyclopedia of Philosophy*. Summer 2016. [s.n.], 2016. Disponível em: <https://plato.stanford.edu/archives/sum2016/entries/reference/>. Acesso em: 12 jan. 2017.

ROBERTS, C. Speech Acts and Discourse Context. In: FOGAL, D.; HARRIS, D. W.; MOSS, M. (Eds.). *New Work on Speech Acts*. Oxford: Oxford University Press, 2018, pp. 317-359.

RUSSELL, B. Da denotação. *Russell*. São Paulo: Nova Cultural, 1989. p. 3–14. Traduzido por Pablo Rubén Mariconda. (Coleção Os Pensadores.)

SADOCK, J. Speech Acts. In: HORN, L. R.; WARD, G. L. (Eds.). *The Handbook of Pragmatics*. Oxford: Blackwell, 2006, pp. 53-73.

SANDMANN, A. J. O palavrão: formas de abrandamento. *Revista Letras*, v. 42, n. 0, pp. 221-226, 1993.

SEARLE, J. R. *Speech Acts: An Essay in the Philosophy of Language*. Cambridge: Cambridge University Press, 1969.

_____. Indirect Speech Acts. In: COLE, P.; MORGAN, J. L. (orgs). Sintax and Semantics vol. 3: *Speech Acts*, New York: Academic Press, 1975, pp. 59-82.

_____; VANDERVEKEN, D. *Foundations of Illocutionary Logic*. Cambridge: Cambridge University Press, 1985.

SPERBER, D.; WILSON, D. *Relevance*: Communication and Cognition. 2. ed ed. Oxford; Cambridge, MA: Blackwell Publishers, 1996.

STALNAKER, R. C. Pragmatics. In: DAVIDSON, D.; HARMAN, G. (Eds.). *Semantics of Natural Language*. Dordrecht: D. Reidel, 1972, pp. 380-397.

_____. Pragmatic presupposition. In: MUNITZ, M. K.; UNGER, P. K. (Eds.). *Semantics and Philosophy*. New York: New York University Press, 1974, pp. 197-214.

_____. Pragmática. Traduzido por Marco Antônio de Oliveira. In: DASCAL, M. (Ed.). *Fundamentos metodológicos da linguística – Volume IV: Pragmática, Problemas, Críticas, Perspectivas da Lingüística, Bibliografia*. Campinas: Edição do próprio organizador, 1982, pp. 59–80.

_____. *Context and Content*: Essays on Intentionality in Speech and Thought. Oxford: Oxford University Press, 1999.

STEINBERG, D. D.; JAKOBOVITS, L. (Eds.). *Semantics*. Cambridge: Cambridge University Press, 1971.

STRAWSON, P. F. Intention and Convention in Speech Acts. *The Philosophical Review*, v. 73, n. 4, pp. 439, 1964.

_____. Sobre referir. *Ryle, Austin, Quine, Strawson*. Trad. Balthazar Barbosa Filho. São Paulo: Nova Cultural, 1989, pp. 151-170. (Coleção Os Pensadores.)

TERRA, E.; NICOLA, J. *Português*: de olho no mundo do trabalho. São Paulo: Scipione, 2004.

WILSON, D.; SPERBER, D. Teoria da relevância. *Linguagem em (Dis)curso*, v. 5, n. 0, pp. 221-268, 2005.

_____; _____. Relevance Theory. In: HORN, L. R.; WARD, G. (Eds.). *The Handbook of Pragmatics*. Oxford, UK: Blackwell Publishing Ltd, 2006, pp. 606-632.

OS AUTORES

Luisandro Mendes de Souza é professor adjunto no Departamento de Letras e Linguística (DELLIN) da Universidade Federal do Paraná desde 2019. Entre 2012 e 2019 trabalhou no Departamento de Letras Clássicas e Vernáculas do Instituto de Letras da Universidade Federal do Rio Grande do Sul. Licenciado em Letras (Português/Inglês) em 2003 pela Faculdade Estadual de Filosofia, Ciências e Letras de União da Vitória (atual *campus* Universidade Estadual do Paraná). É mestre (2006) e doutor (2010) pela Universidade Federal de Santa Catarina, com doutorado sanduíche na Universidade de Chicago. Suas áreas de interesse são a Semântica e a Pragmática Formal e suas interfaces; com pesquisas sobre sentenças comparativas e outras construções de modificação gradual.

Luiz Arthur Pagani é professor adjunto no Departamento de Letras e Linguística (DELLIN) da Universidade Federal do Paraná (UFPR), desde 2002. Entre 1992 e 2002, foi professor no Departamento de Letras Vernáculas e Clássicas da Universidade Estadual de Londrina (UEL). Sua formação foi toda feita na Unicamp, onde se graduou no bacharelado em Letras (entre 1986 e 1989), e fez mestrado (de 1990 a 1996) e doutorado (entre 1996 e 2001) em Linguística. Seus interesses de pesquisa se concentram na Semântica e na Pragmática Formal, na Implementação Computacional de Modelos Linguísticos e na Gramática Categorial.

GRÁFICA PAYM
Tel. [11] 4392-3344
paym@graficapaym.com.br